Kaiser Wilhelm I
Autor: Christian Schwochert
Herausgegeben von Hagen Ernst
über Romowe

ISBN-13: 978-1511882835

ISBN-10: 1511882832

Romowe – Verlag : **Christian Schwochert Kaiser Wilhelm I.**

Vorwort:

Ende des letzten Jahres stellte ich fest, dass es so was wie eine Marktlücke gibt. Nämlich als ich nach Biographien von Kaiser Wilhelm I suchte; dem Mann, der meiner Meinung nach der beste Kaiser war den Deutschland je hatte.

Natürlich verdankte er dies auch seinem Kanzler Otto von Bismarck; diese beiden waren ein unschlagbaren Gespann. Bismarck war ein überzeugter, kaisertreuer Monarchist. Und die Geschichte lehrt uns das große Helden oft im Doppelpack kommen; denken Sie an Merlin und König Arthur. Merlin war Arthurs „Magier der Macht" und Bismarck war Wilhelms „Magier der Macht". Wilhelm I ist undenkbar ohne seinen Kanzler und guten Freund Otto von Bismarck.

Doch über den guten Bismarck gibt es genügend Bücher, das Beste ist zweifelsohne „Gedanken und Erinnerungen"; seine eigene Biographie.

Über Kaiser Wilhelm I ist meiner Meinung nach noch nicht genug geschrieben worden und die Bücher über ihn kennt kaum jemand. Und da ich nicht will dass dieser große Mann unserer Geschichte und seine Leistungen in Vergessenheit geraten, schreibe ich dieses Buch.

In unserer politisch korrekten Gesellschaft versuchen die Pseudoeliten unser Volk zu Gunsten einer multikulturellen Gesellschaft durch Asylflut, deutschenfeindlicher Propaganda und deutschenfeindlichem Geschichtsrevisionismus abzuschaffen! Wobei „Multikulti" so eine Sache ist; denn die Versuche unserer Politiker eine solche Gesellschaft frankensteinmäßig zu basteln dienen nicht nur dem Zweck das Deutsche Volk abzuschaffen, nein es sollen auch alle anderen Völker, Nationen und Kulturen abgeschafft werden. Das beste Beispiel hierfür sind die Grünen, deren Friedrichshain-Kreuzberg-Bürgermeisterin das öffentliche Feiern von Weihnachten und Ramadan verboten hat, weil es angeblich zu laut ist. Aber der CSD wo sich die Schwulen gegenseitig öffentlich einen blasen, der ist erlaubt!

Ein weiteres gutes Beispiel ist der Grüne Cem Özdemir, der vor Gericht durchgeklagt hat das eine Moschee in seiner Wohngegend verschwindet. So sieht die Toleranz der Grünen gegenüber dem Islam wirklich aus; zwar benutzen sie die Einwanderer

und Moslems gerne um Deutschland kaputt zu machen, aber in ihrer Nähe haben wollen sie diese Leute trotzdem nicht. Und wir dürfen nicht vergessen; der Islam ist eine Religion. Und die Grünen hassen auf Grund ihrer 68er Ideologie ALLE Religionen!
Aber das hier soll kein Buch über die grünen Bazillen werden, sondern über Kaiser Wilhelm I. Doch um dieses Buch zu schreiben muss auch aufgezeigt werden was damals besser war als heute. Denn dieser Mann war der beste Herrscher den unser Land je hatte und das werde ich mit diesem Buch beweisen. Dafür ist es natürlich nötig auch über die heutige Zeit zu schreiben und zu berichten was mit der BRD und ihrer politischen Pseudoelite nicht stimmt.

Und nun wünsche ich Ihnen viel Spaß beim lesen.

Mit freundlichen Grüßen

Christian Schwochert

Das Leben von Kaiser Wilhelm I

1

Wie verlief das Leben des ersten deutschen Kaisers, über den Bismarck einmal sagte:
„Kein Großer, aber ein Ritter und Held.“?

Wilhelm Friedrich Ludwig von Preußen wurde am 22.03.1797 als zweiter Sohn von Friedrich Wilhelm

III. von Preußen und Augusta Wilhelmine Amalie Luise von Mecklenburg-Strelitz in unserer heutigen geliebten Landeshauptstadt Berlin geboren.

Seine Erziehung übernahmen Delbrück und der Hauptmann Reiche. Wilhelm zeigte früh einen klaren, praktischen Verstand, große Ordnungsliebe und einen ernsten, zuverlässigen Charakter, während er an geistiger Regsamkeit seinem älteren Bruder, Fritz (Friedrich Wilhelm IV.), nachstand.

Als Kind erlebte er auch hautnahe mit wie Napoleon von Sieg zu Sieg eilte und seine Heimat eroberte. Auch blieb ihm nicht verborgen wie seine Mutter und sein Volk unter der Herrschaft Napoleons litten.
1814 Hauptmann geworden, begleitete er seinen Vater auf dem Feldzug nach Frankreich gegen Napoleon I., erwarb sich das Eiserne Kreuz und zog am 31. März mit in Paris ein.

Die vorhergegangene Schlacht war folgendermaßen abgelaufen:

Kaiser Franz II. von Österreich begab sich mit seiner Begleitung nach Dijon und gab damit seinem Oberkommandierenden Schwarzenberg freie Hand für die nächsten militärischen Operationen. Zar Alexander I. und sein enger persönlicher Freund, der König von Preußen und

Vater des späteren Kaisers, Friedrich Wilhelm III., blieben bei der Böhmischen Armee.

Den Koalitionstruppen, die nun zwischen Paris und den napoleonischen Truppen standen, gelang es, mehrere Kuriere abzufangen, sowohl solche, die aus Paris zu Napoleon gesandt worden waren, als auch solche, die in der entgegengesetzten Richtung unterwegs waren.

Am 23. März 1814 wurde ein Kurier festgenommen, der einen persönlichen Brief Napoleons an seine Gattin Marie-Louise, die Tochter von Kaiser Franz II. von Österreich, bei sich führte. In diesem Brief gab Napoleon offen seine Absichten preis und schrieb:

„Ich habe mich entschlossen, mich der Marne und ihrer Umgebung zu nähern, um sie von Paris abzuziehen“.

Damit wusste die Führung der Koalitionstruppen, dass Napoleon nicht beabsichtigte, die französische Landeshauptstadt Paris zu decken.

Zar Alexander erfuhr am 24. März 1814 vom Inhalt dieses Briefes und rief daraufhin seine Marschälle zu einer Beratung zusammen. Man einigte sich darauf, die sich bietende Gelegenheit zu nutzen und nach Westen zu ziehen, um Paris einzunehmen.

In diesem Sinne informierte man den König von Preußen und den Oberbefehlshaber Fürst Schwarzenberg. Beide stimmten ohne Vorbehalt zu, und es erging der Befehl an beide Koalitionsarmeen, die Schlesische Armee unter Blücher und die Böhmische Armee unter Schwarzenberg, nach Westen zu marschieren und sich vor Paris zu vereinen.

Schwarzenberg ordnete die Kavallerie und die berittene Artillerie des Korps Wintzingerode ab, um Napoleon zu folgen und die Koalitionsarmeen nach Osten zu decken. Die französische Armee zog bis in die Gegend von Wassy südlich von Saint-Dizier.

Der französische Kaiser Napoleon war fest überzeugt, die Reiterei, die ihm folge, sei die Vorhut der Böhmischen Armee. Um diese zur Schlacht zu zwingen, kehrte er am 26. März nach Saint-Dizier zurück und stellt die Truppen Wintzingerodes im so genannten Gefecht von Saint-Dizier. Wintzingerodes Reiter erlitten erhebliche Verluste und mussten sich nach Norden bis Bar-le-Duc zurückziehen.

Am 25. März setzte sich dann die Böhmische Armee auf Paris in Bewegung und traf schon am Morgen auf das Korps Marmont und die Junge Garde unter Mortier, die ihrerseits nach Osten zogen und Befehl hatten, sich mit den napoleonischen Truppen bei Saint-Dizier zu vereinigen. Es entwickelte sich die Schlacht bei Fère-Champenoise, in der die französischen Truppen geschlagen und nach Westen auf Paris abgedrängt wurden. Dadurch trafen sie noch rechtzeitig zur Verteidigung vor Paris ein, und genau die Reste dieser beiden Korps bildeten das Gros der Mannschaften, die Paris am 30. März 1814 blutig verteidigten.

In der Nacht vom 26. auf den 27. März 1814 nahmen Truppen der Schlesischen Armee bei La Ferté-sous-

Jouarre an der Marne 2000 Franzosen in einem Nachtgefecht gefangen.

Am folgenden Tag versuchten weitere 10.000 Franzosen, die Schlesische Armee zwischen La Ferté-sous-Jouarre und Meaux aufzuhalten, wurden aber von preußischen Truppen unter Horn vertrieben. Bei Claye-Souilly wurde das Korps Mortier von preußischen Truppen unter Yorck angegriffen und weiter zurückgetrieben.

Am 28. März 1814 standen die ersten Korps der Schlesischen Armee schon vor Paris, mussten dort aber einen ganzen Tag warten, um auf das Gros der Böhmischen Armee, insbesondere auf die russische Garde zu warten. Schon dieser eine Tag Verzögerung genügten den französischen Korps unter Marmont und Mortier, um Paris am 29. März 1814 vor den Koalitionstruppen zu erreichen und die Verteidigung von Paris zu organisieren.

Am 29. März 1814 verließ Napoleons Gemahlin Marie-Louise um etwa 10:00 Uhr Paris und begab sich mit den Napoleon noch immer ergebenen Ministern nach Blois kurz vor Tours an der Loire.

1500 Gardisten begleiteten sie, und fehlten dann natürlich bei der Verteidigung von Paris. Dies dürfte sich auch negativ auf die Moral der verbleibenden französischen Truppen ausgewirkt haben, die sich wohl gedacht haben dürften dass wenn ihre Kaiserin abhaut, die Stadt wohl bald verloren sein muss.

In Paris verblieben Talleyrand und Napoleons ältester Bruder Joseph Bonaparte, der frühere König von Neapel und von Spanien und derzeitig Bevollmächtigter Napoleons in Paris. Dieser versuchte durch eine Proklamation an die Bürger von Paris deren Widerstandswillen zu stärken. Später richtete er sein Hauptquartier auf dem Montmartre ein, nahm aber bis zu seiner Flucht auf die militärischen Ereignisse keinen Einfluss.

Die Schlacht am 30. März 1814 fand statt in dem Gebiet östlich und nördlich von Paris vom Zufluss der Seine in das Stadtgebiet im Südosten bis zum Abfluss der Seine im Norden. Dieses Gebiet ist heute bis auf den Park von Belleville vollständig überbaut und gehört entweder zu Paris oder zu einem seiner Vororte. Auch 1814 war das Gebiet bereits stark bebaut und bot den Verteidigern viele Möglichkeiten, Deckung zu finden.

Im Süden des Gefechtsfelds befinden sich Park und Schloss Vincennes mit den teilweise festungsähnlichen Anlagen des Schlosses von Vincennes. Nördlich daran schließt sich eine Hügellandschaft an mit dem Hügel von Belleville, die nach Norden steil und teilweise felsig gegen flaches Land abfällt.

Knapp nördlich fließt der Canal de l'Ourcq, der damals wie heute die Großstadt Paris mit Wasser versorgte und der im Becken von La Villette unmittelbar vor dem Barriere de Pantin genannten Tor zur Stadt endet. Dieser Kanal teilt das Gefechtsfeld in zwei Teile und konnte 1814 nur bei dem östlich gelegenen Ort Pantin, der damals noch ein Dorf war, überquert werden. Nördlich der Barriere de Pantin liegt die Vorstadt La Villette. Weiter westlich, nördlich der Stadt erhebt sich der Montmartre.

Die weitaus heftigsten Kämpfe ereigneten sich in dem Dreieck, das begrenzt wird vom Canal de l'Ourcq im

Norden, dem Rand der Hügel bei Belleville im Süden und Pantin im Osten. Die westliche Spitze dieses Dreiecks war die Barriere de Pantin mit ihrem Tor zur Stadt. Auf diesem Gebiet erlitten die Koalitionstruppen die Hälfte ihrer recht hohen Verluste. In Paris stand 1814 keine Garnison, so dass nur geringe Truppen aus der Umgebung zusätzlich zur Verteidigung herangezogen werden konnten, etwa 6.000 Mann. Allerdings stieß eine unbekannte, aber wahrscheinlich nicht geringe Zahl an Freiwilligen und Veteranen zu den regulären Truppen.

So wurde die Brücke bei Charenton von Veteranen und den Schülern der École Vétérinaire de Maisons-Alfort verteidigt, von denen 150 bei einem einzigen Angriff der Österreicher fielen. Zwei Batterien (28 Geschütze) der Artillerie-Reserve bei dem kleinen Fort von Vincennes sollten die Schüler der École polytechnique bedienen. Sie verloren die Geschütze jedoch nach der ersten Attacke der Württemberger.

Sehr wichtig für die Verteidiger war der Umstand, dass die Magazine von Paris reichlich gefüllt waren mit Kriegswerkzeug:

Es stand eine große Zahl Geschütze und ausreichend Munition zur Verfügung. Da Marschall Marmont gelernter Artillerist war, verstand er es, diese Geschütze in kürzester Zeit günstig und noch gut gedeckt zu positionieren. Gerade das beschriebene Geländedreieck westlich von Pantin wurde von drei Seiten von französischer Artillerie bestrichen. Es wurde geschätzt, dass es Marmont gelang, 140 Geschütze (10 Batterien) aus Paris heraus ins Gefecht zu bringen. Kaiser Napoleon behauptete später, in Paris wären mehr als 200 Geschütze gewesen und ein enormer Vorrat an Munition.

Die französischen Truppen hatten sich das Gelände aufgeteilt:

Das Korps Marmont verteidigte südlich des Canal de l'Ourcq, Mortier befehligte nördlich davon. Ganz im Norden, westlich des Montmartre, positionierte sich die neu geschaffene Nationalgarde. Es war aber möglich, dass Truppenteile durch das Stadtgebiet von einer Seite zur anderen wechselten.

Nicht zum ersten Male wurden Schwarzenbergs Tagesbefehle am Abend des 29. März 1814 sehr spät fertig. Erst nach 23:00 Uhr wurden sie den Kurieren übergeben. Diese mussten im Dunkel der Nacht in unbekanntem Gelände die Kommandeure suchen, an die sie adressiert waren. Einige Truppenteile erhielten ihre Befehle für den 30. März erst am frühen Morgen zu einem Zeitpunkt, als sie schon zum Gefecht hätten antreten sollen.

Als Folge trafen die Korps der Schlesischen Armee im Norden mit wenigstens vier Stunden Verspätung ein und das Korps der Kronprinzen Wilhelm von Württemberg ging noch deutlich später im Süden ins Gefecht.

Die einzigen Koalitionstruppen, die pünktlich um 6:00 Uhr von Osten vorgingen, waren das russische Korps unter Rajewski und dahinter die russische Garde unter

Barclay de Tolly. Pantin wurde gegen ersten französischen Widerstand bis 7:00 Uhr eingenommen, aber der Versuch, das unbesetzte, weiter östlich, aber auch höher gelegene Romainville vor den Franzosen einzunehmen, scheiterte zunächst. Erst nach stundenlangen Kämpfen konnte Romainville mit Unterstützung russischer Grenadiere gegen 10:00 Uhr besetzt werden. Weiterer Fortschritt wurde bis 11:00 Uhr nicht erzielt, im Gegenteil drohten beide Dörfer unter der Wirkung französischer Artillerie, die den Koalitionstruppen ständig Verluste zufügte, wieder verloren zu gehen.

Um 10:00 Uhr erreichte die Vorhut der Schlesischen Armee das Gelände nördlich des Canal de l'Ourcq vor La Villette und konnte einige Truppen über die Kanalbrücke zur Unterstützung nach Pantin abgeben.

Um 11:00 Uhr ergingen durch Marschall Barclay de Tolly folgende Befehle:

Die erste russische Grenadierdivision sollte über Romainville hinaus auf Belleville vorgehen, die zweite russische Grenadierdivision soll die Höhen zwischen Romainville und Montreuil, nördlich des Bois de Vincennes, besetzen und die preußische Garde unter Oberst Alvensleben sollte die Truppen in Pantin unterstützen. Die russische Garde wurde als Reserve zurückgehalten.

Die preußischen Garden, die seit dem 2. Mai 1813, der Schlacht bei Großgörschen nicht mehr im Gefecht gewesen waren, trafen gegen 12:00 Uhr in Pantin ein. Die Stabsoffiziere der russischen Division, die zu dieser Zeit Pantin hielten, warnten den Oberst Alvensleben vor dem cul-de-sac (Sackgasse) zwischen Pantin und der Barriere de Pantin, der von drei Seiten von französischer Artillerie beschossen werden konnte. Oberst Alvensleben sandte, trotz der Warnung, zwei Bataillone dorthin vor. Die französischen Truppen gingen hinter den verstreut liegenden Gehöften und Häusern von Les Maisonette in Deckung und ihre Artillerie nahm die Preußen, wie vorherzusehen war, von drei Seiten unter Beschuss. Die Preußen versuchten zu entkommen, aber von 1800 Gardisten, die vorgegangen waren, kamen nur 150 nach Pantin zurück. Der Oberst Alvensleben schickte sofort die nächsten Gardisten in den cul-de-sac vor, aber diesmal die doppelte Zahl, vier Bataillone. Diese gingen ebenso ungedeckt voran und wurden auf 80 Schritt Entfernung von den französischen Geschützen vor der Barriere de Pantin unter Beschuss genommen. Das war zu kurz; einigen Gardisten gelang es, die Entfernung zu überwinden und die Geschütze, eine ganze Batterie (14 Geschütze), zu nehmen und zum Schweigen zu bringen. Es blieb aber der ungeminderte Beschuss von Süden und Norden, der die Gardisten ihrerseits zwang, in den umliegenden Häusern und Gehöften Deckung zu suchen. Dort saßen sie noch drei Stunden fest, während ihre Zahl durch die Wirkung des Artilleriebeschusses zusammenschmolz.

Der Oberst Alvensleben traf noch zwei Maßnahmen: Zuerst sandte er eine einzige Kompanie Gardejäger unter Hauptmann Nayhaus auf die Höhen im Süden, um die dort bei Le Pré-Saint-Gervais positionierten französischen Geschütze zu bekämpfen. Diese gut ausgebildeten Schützen zeigten, dass es auch möglich war, Artillerie erfolgreich aus der Distanz zu bekämpfen. Sie dezimierten zunächst die Bedienungsmannschaft und nahmen dann die 10 Geschütze. Gegen den Artilleriebeschuss aus dem Norden waren die Preußen hingegen ein wenig hilflos, weil sie den Canal de l'Ourcq nicht überqueren konnten.

Die zweite Maßnahme des Oberst Alvensleben bestand darin, dass er mehrfach seinen kommandierenden Marschall Barclay de Tolly um Kavallerie zur Unterstützung bat ; jedoch leider jedes Mal vergebens. Barclay de Tolly, der in russischen Diensten stand, kannte seinen Zaren gut und hütete sich, die Pferde der russischen Gardekavallerie ins Gefecht zu senden. Ab 12:00 Uhr traf nach und nach das Gros der Schlesischen Armee vor Paris ein. Diese kam aus Osten und benötigte noch Stunden, um die vorgegebenen Einsatzgebiete zu erreichen. Größere Kontingente traten nicht vor 14:00 Uhr in den Kampf ein. In dieser Zeit wurden sie von den französischen Truppen bereits mit Artillerie beschossen.

Die Koalitionstruppen brachten dagegen die eigene Artillerie zum Einsatz.

Die französische war jedoch wesentlich genauer und wirkungsvoller. Nicht wenige Geschütze der Koalitionstruppen gingen durch Artillerietreffer verloren. Auch hier machte man die Erfahrung, dass Scharfschützen die effizienteste Waffe gegen die Artillerie waren.

Marschall Blücher war an diesem Tage unpässlich. Eine heftige Augenentzündung zwang ihn, sich vor dem Tageslicht zu schützen; ein Problem dem in späterer Zeit mit einem in seine Mütze eingebauten Sonnenschirm beigekommen wurde, die gut zu sehen ist auf dem Cover des Karl May Buches „Der Weg nach Waterloo“:

2

Blücher verbrachte den Nachmittag in einer geschlossenen gelben Kutsche auf einem Hügel bei Aubervilliers. Ohne eigenen sinnfälligen Eindruck vom Verlauf der Schlacht konnte er kaum Einfluss darauf nehmen.

Gegen 13:00 Uhr war auch vom Montmartre die Masse der eintreffenden Truppen zu erkennen. Joseph Bonaparte stellte nun zwei Vollmachten an die Marschälle Marmont und Mortier aus, die sie legitimierten, Waffenstillstandsverhandlungen zu führen. Er verließ dann sofort Paris und reiste der Kaiserin nach.

Um 14:30 Uhr traf das Korps des Kronprinzen Wilhelm von Württemberg im Süden vor dem Bois de Vincennes ein. Es bildete zwei Kontingente: Die Württemberger besetzten den Park und die Österreicher gingen südlich davon entlang der Marne und Seine vor. Das nachfolgende Korps Gyulay traf erst um 16:30 Uhr ein und nahm an den Kampfhandlungen kaum mehr teil.

Um 15:00 Uhr ordnete Marschall Barclay de Tolly an, dass die russischen Truppen auf den Höhen vor Belleville vorzurücken hätten. Zur gleichen Zeit sollten preußische Truppen La Villette und die dort erfolgreich operierenden Geschütze angreifen. Dem Marschall standen aber keine Karten der Gegend zur Verfügung und es war seinen Offizieren unbekannt, ob der Angriff nördlich oder südlich des Canal de l'Ourcq erfolgen müsse. So wurden die Truppen über die Brücke bei Pantin hin und her geschickt, bis es zu einem Angriff auf der Nordseite kam.

Dieser wurde von einem Ausfall der französischen Truppen aus La Villette beantwortet. In dem folgenden Gefecht waren es die preußischen Leibhusaren (Oberstleutnant Stoeßel), die die bei La Villette stehende Batterie nahmen und es damit der preußischen Garde ermöglichten, weiter auf die Barriere de Pantin vorzurücken.

Um 15:30 Uhr fragte Marschall Marmont bei Mortier um Unterstützung nach, die dieser nicht geben konnte. Mortier seinerseits bat Schwarzenberg durch einen Boten um einen Waffenstillstand von 24 Stunden, den dieser ablehnte und im Gegenzug die Kapitulation der französischen Truppen verlangte. Diese lehnte Mortier zu diesem Zeitpunkt ab, man verständigte sich aber zu Verhandlungen in einem Hause vor der Barriere de Saint-Denis. Dort trafen sich die beiden Marschälle von Frankreich und Vertreter der Koalitionstruppen, unter denen Preußen nicht vertreten war. Man einigte sich auf einen Waffenstillstand ab 17:00 Uhr, verhandelte aber weiter über die Kapitulation der französischen Truppen bis 02:00 Uhr am Morgen des 31. März 1814. Dann unterzeichneten die Marschälle von Frankreich die Kapitulation, die ihnen immerhin erlaubte, mit ihren Truppen aus Paris abzuziehen.

Der für 17:00 Uhr vereinbarte Waffenstillstand wurde unter den weit verstreuten Truppen erst langsam bekannt. Da an den Verhandlungen kein Vertreter Preußens beteiligt war, sah sich Marschall Blücher zunächst nicht daran gebunden und ließ zu, dass russische Truppen, die unter seinem Kommando standen, bis 18:00 Uhr den Montmartre erstürmten und besetzten.

Napoleon erfuhr am 27. März 1814 in Saint-Dizier vom Rückzug der Marschälle Marmont und Mortier auf Paris. Wenige Stunden später entschloss er sich, mit seinen Truppen ebenfalls nach Paris zu ziehen, allerdings nicht auf direktem Wege, sondern über Troyes nach Fontainebleau. Am 28. März erreichten ihn neue Nachrichten, die ihn beunruhigten. Am Morgen des 29. März trennte er sich von seinen Truppen und traf abends, nur begleitet von zwei Schwadronen der Gardekavallerie, in Troyes ein.

Am 30. März um 10:00 Uhr ritt er weiter, musste jedoch unter Tages aus Erschöpfung in eine Kutsche wechseln, erreichte Fontainebleau und fuhr weiter auf der Straße nach Paris. Es war bereits Nacht, als ihm seine Spanischen Dragoner und General Belliard, der 1813 noch sein Adjutant gewesen war, begegneten. Von ihnen erfuhr er den Ausgang der Schlacht und vom Waffenstillstand. Er verzichtete auf eine Weiterreise und kehrte nach Fontainebleau zurück.

Am 31. März um 11:00 Uhr zogen die Monarchen von Russland und Preußen in Paris ein und hielten eine Parade der Garden ab.

Alle anderen Truppen durften Paris nicht betreten. Es wurde bekannt, dass Napoleon die ihm verbliebenen Truppen südlich von Paris zwischen Melun an der Seine und La Ferté-Alais an der Essonne neu sammelte.

Ihnen entgegen wurde das Gros der Koalitionstruppen südlich der Seine neu aufgestellt. Hierzu mussten diese um die Stadt herummarschieren. Feldmarschall Blücher war noch immer krank. Er wurde am 2. April 1814 von Barclay de Tolly als Oberbefehlshaber der Schlesischen Armee abgelöst. Am 3. April 1814 besetzte das Korps Bülow Versailles.

3

4

Am 4. April 1814 versammelte Napoleon seine Marschälle in Fontainebleau. Er wollte sie zum Angriff auf Paris an einem der nächsten Tage führen. Die Marschälle weigerten sich. Marschall Ney trat als Wortführer hervor und schilderte Napoleon die veränderte politische und militärische Lage. Er wagte es auch, Napoleon dessen Abdankung als einzigen Ausweg aus der aktuellen Lage vorzuschlagen. Napoleon dürfte alles andere als erfreut gewesen sein.

Noch am selben Tage legte er schriftlich seine Abdankung zugunsten seines erst 1811 geborenen Sohnes nieder. Regentin sollte die Kaiserin Marie-Louise werden. Mit dieser Abdankungsurkunde sandte Napoleon die Marschälle Ney und MacDonald und General Caulaincourt als Unterhändler in das Hauptquartier der Koalition.

Zar Alexander lehnte diese Abdankung zugunsten Napoleons Sohn ab, und es erging die Aufforderung an Napoleon, bedingungslos abzudanken.

Am 5. April 1814 verließ das Korps Marmont mit 10.000 Mann die französische Armee. Zwar gelang es Schwarzenberg nicht, wie am Vortage mit Marmont schriftlich vereinbart, dieses Korps in die Koalitionstruppen zu integrieren, weil unter den Mannschaften erhebliche Unruhe ausbrach, aber es konnte von Paris nach Norden fortgeführt werden.

Am 6. April 1814 sandte Napoleon seine Unterhändler wieder in das Hauptquartier der Koalition mit der Erklärung, zu einer bedingungslosen Abdankung bereit zu sein. Die folgenden Verhandlungen dauerten bis zum 11. April 1814. An diesem Tage wurde zu Paris von allen beteiligten Unterhändlern der Vertrag von Fontainebleau unterzeichnet. Spätestens an diesem Tage unterzeichnete Napoleon auch seine bedingungslose Abdankung in Fontainebleau.

In der Nacht vom 12. April 1814 auf den 13. April 1814 unternahm Napoleon einen vergeblichen Selbstmordversuch mit Gift, das er seit dem Brand von Moskau angeblich immer bei sich führte. Das Gift war fast wirkungslos.

Am 13. April 1814 ratifizierte Napoleon den Vertrag von Fontainebleau. Am 20. April 1814 reiste er nach Elba ab.

Der spätere Kaiser Wilhelm I hatte das alles miterlebt; treu an der Seite seines Vaters.
Er war damals kaum jünger als ich es heute bin; 1814 war er gerade einmal 17.

Wenn ich bedenke wegen welcher Belanglosigkeiten sich die 17jährigen heutzutage herumärgern; die sollten froh sein das sie nicht in den Krieg ziehen müssten. Andererseits..., wenn sie dann zu so guten Männern wie Wilhelm I werden, wäre es das sicherlich wert.

Und irgendwie waren ja alle jungen Leute mit 17 schon mal mehr oder weniger in einem Krieg; 10 Jahre öffentliche Schule! Öffentliche Schule, in der versucht wird einem das Gehirn zu waschen, um die Schüler zu identitätslosen, deutschenfeindlichen Untertanen zu erziehen, die brav alles tun was die anti-deutschen Politiker ihnen sagen. Bei manchen funktioniert das, aber bei einigen bewirkt das eher das genaue Gegenteil; bei mir zum Beispiel ☺.

Für Preußen war dieser Befreiungskrieg jedenfalls alles andere als einfach und für Wilhelm I auch nicht; er sagte einmal:

„***Durch Demütigungen habe ich mehr gelernt als durch alle Siege.***“

Und Preußen war vor den Befreiungskriegen zutiefst gedemütigt worden; man hatte das Land erobert, halbiert und die Bevölkerung wurde von französischen Agenten bespitzelt, denunziert und die Regierung musste hohe Reparationszahlungen leisten.

Ähnlich ist es ja heute auch; nur das es unsere eigenen Politiker sind, die uns unser Land durch Überfremdung abspenstig machen und Milliardensummen die selbst Napoleon die Schamesröte ins Gesicht getrieben hätten, freiwillig an die EUdSSR verschenken!

Aber auch ich lerne durch Demütigungen und zwar mich zur Wehr zu setzen gegen solcherlei Irrsinn! So wehre ich mich gegen die Abschaffung unserer Geschichte und Kultur, in dem ich unter anderem dieses Buch schreibe.

Aber zurück zu Wilhelm I:

Seit 1. Januar 1816 führte der zukünftige Kaiser das Stettiner Gardelandwehrbataillon, erhielt 1818 als Generalmajor eine Gardeinfanteriebrigade, am 1. Mai 1820 die 1. Gardedivision und 1825 als Generalleutnant das Gardekorps. In der langen Friedenszeit, half er den militärischen Geist in der Truppe zu erhalten. Wiederholt wurde Wilhelm zu Staatsangelegenheiten an den Petersburger Hof gesandt.

Prinz Wilhelms große Jugendliebe war Prinzessin Elisa Radziwill. Die Radziwills, eines der ältesten und hervorragendsten litauischen Fürstengeschlechter, besaßen zwar große Besitzungen in Polen, Litauen und Posen, waren aber keine regierenden Landesfürsten. Elisas Vater war lediglich ehemaliger preußischer Statthalter im Großherzogtum Posen. Obwohl der damals berühmte Rechtsgelehrte Karl Friedrich Eichhorn ein befürwortendes Gutachten ausstellte, wurde vonseiten der Minister die Ebenbürtigkeit der Prinzessin angezweifelt. Dabei berufen sie sich auf den Grundsatz, den Friedrich der Große aufgestellt hatte und der besagte, dass nur die Töchter der regierenden Fürstenhäuser und der ehemaligen reichsständigen Landherren für ebenbürtig gelten sollten.

Mehrere Jahre kämpfte Prinz Wilhelm einen schweren Kampf um seine Jugendliebe. Seine und des Vaters letzte Hoffnung war, dass, wenn die Prinzessin durch den Prinzen August von Preußen an Kindesstatt angenommen würde, dies als Ersatz für die Ebenbürtigkeit werde gelten können.

Zusätzlich kam es zu einem Erbfolgestreit. Da nun einerseits die Ehe des Kronprinzen Friedrich Wilhelm (Wilhelms großer Bruder) kinderlos war, andererseits infolge der Ehe des Prinzen Karl von Preußen (Wilhelms kleinen Bruder) mit der weimarischen Kronprinzessin, Maria Luisa Alexandrina Prinzessin von Sachsen-Weimar-Eisenach, der großherzogliche Hof in Weimar erklärte, er werde für die Kinder dieser Ehe den Vorrang fordern, falls Prinz Wilhelm eine nicht ebenbürtige Ehe eingehe, so blieb dem König nichts übrig, als von Wilhelm ein Verzicht zu fordern. Auch blieben die Minister dabei, dass die Kindesannahme das Blut nicht ersetzen könne und so musste sich Wilhelm schweren Herzens fügen.

5

Prinzessin Elisa starb 1834 im Alter von 31 Jahren an TBC. Wilhelm vergaß sie nie, bis zum Ende seines langen Lebens hatte er eine Porträtminiatur von ihr auf seinem Schreibtisch stehen.
Am 11. Juni 1829 heiratete Wilhelm auf Betreiben seines Vaters Prinzessin Marie Luise Augusta Catharine von Sachsen-Weimar-Eisenach. Sie gebar ihm am 18. Oktober 1831 den Prinzen Friedrich Wilhelm und am 3. Dezember 1838 die Prinzessin Luise. Die Ehe wurde nicht sonderlich glücklich, die intelligente, musisch begabte und am Weimarer

Hof liberal erzogene Augusta fühlte sich ihrem Mann intellektuell überlegen und fühlte sich am preußischen Hof angeblich auch nicht sonderlich wohl.
Nach dem Tod seines Vaters, König Friedrich Wilhelm III. von Preußen, 1840 bestieg Wilhelms großer Bruder als Friedrich Wilhelm IV. den preußischen Thron. Wilhelm erhielt den Titel "Prinz von Preußen". Er konnte jedoch nur unwesentlichen Einfluss auf die Politik seines Bruders gewinnen und setzte ganz auf seine militärische Laufbahn.

1848, während der Märzrevolution trat er für die militärische Niederwerfung der Revolution ein. Wer diese Ansicht kritisiert, der sollte sich einmal fragen was wohl passieren würde, wenn Tausende mit Musketen bewaffnete Leute heute in Berlin Barrikaden errichten würden. Richtig, die pseudodemokratischen Politiker würden den Aufstand niederschlagen lassen, weshalb ich persönlich auch für eine friedliche Revolution a'la 1989 bin, um das deutschenfeindliche Parteienpack loszuwerden!
Irrtümlich für den Artillerieeinsatz gegen Berliner Barrikaden am 18. März 1848 verantwortlich gemacht, erhielt der künftige Kaiser die Bezeichnung "Kartätschenprinz". Da er nun persönlich gefährdet war, flüchtete er am Morgen des 19. März in fremden Kleidern aus Berlin nach Spandau. Sein Palais wurde gestürmt, geplündert und wäre sicherlich ge-

schleift worden, wenn nicht der Wortführer Ludwig Eichler die aufgebrachte Menge beruhigt hätte. Seinen Geburtstag feierte er am 22. März 1848 in Verborgenheit auf der Pfaueninsel im engsten Familien- und Freundeskreis. Am Abend reiste er unerkannt nach Hamburg und von da nach London. Dort nahm er regen Anteil an der weiteren Entwicklung in Deutschland.

Der damalige Prinz von Preußen und spätere Kaiser Wilhelm I hatte die Rechte der Krone mit der ihm eigenen Entschlossenheit zu verteidigen gesucht, zugleich aber auch die Bewegung von ihren Anfängen an mit leidenschaftlicher Anteilnahme beobachtet und sich über ihren Fortgang nach allen Seiten hin ununterbrochen informiert, so dass er bei seinem ausgezeichneten Gedächtnis in der Lage war, nachträglich eine Art Tagebuch zu verfassen, das an Zuverlässigkeit der Mitteilungen nicht leicht übertroffen werden kann. Er bat die Zarin, die Berichte, wenn es auf sicherem Wege möglich wäre, bei den beiden anderen Schwestern, der Großherzogin Alexandrine von Mecklenburg-Schwerin und der Prinzessin Luise, Gemahlin des Prinzen Friedrich der Niederlande, zirkulieren zu lassen. Charlotte zog es aber vor, sie im August 1848 ihrem Bruder, als dieser schon nach Berlin zurückgekehrt war, direkt wieder zuzustellen. So war es möglich, dass Friedrich Wilhelms IV. bekannter Generaladjutant Leopold v. Gerlach, der damals eifrig Notizen über die Revolutionstage sammelte, sie in die Hand bekam, sich einige Abschnitte über den 19. März, aber ungenau und unvollständig abschrieb und mehrere Sätze daraus wörtlich in seine Denkwürdigkeiten hineinarbeitete (Band I, Seite 140-142). Hermann v. Petersdorff hat im Anhang zu seiner Biographie Friedrich Wilhelms IV. Gerlachs gesamten Auszug nach dessen Manuskript abgedruckt. Diesem seinerzeit willkommenen, jedoch in Wahrheit höchst dürftigen Extrakt gegenüber erscheint das nunmehr dargebotene Ganze um so wertvoller, da es einen guten Einblick in die Denkweise Kaiser Wilhelms I gestattet (die Briefe [in der die damalige rechtschreibliche Weise der Wörter beibehalten wurde] habe ich übrigens auf der Webseite der „Kaisertreuen Jugend", die ich hier lobend erwähnen möchte, gefunden):

"London, 28. März 1848.
So wäre ich denn glücklich auf diesem gastfreien Boden angelangt, wo schon so manche kontinentale Größe Zuflucht gesucht hat. Da Fritz meiner Reise einen offiziellen Charakter beilegte und auch hier sehr gewünscht wurde, um derselben einen distrikten Unterschied mit anderen hier domizilierenden Fürsten auszuprägen, so empfing mich Prinz Albert in offizieller Audienz im Namen der Königin (mit der es sehr gut gehet). Er war ebenso herzlich in seinem Empfang, wie verständig, besonnen und klar in seinem Urteilen über mich und über alle europäischen Ereignisse! Somit ist meine Stellung hier also gemacht! Wäre sie nur erst daheim wieder gemacht! – Da es Dich doch am meisten interessieren wird, den ganzen Verlauf der Ereignisse in Berlin zu erfahren, so wie ich sie sah, so will ich eine Art von Tagebuch hier niederschreiben.

Die ersten Anzeichen von ungekannten Demontrationen politischer Natur war das Zusammentreten von liberalen Literaten in den Zelten, das am 8. mit nur wenig Zuhörern begann, am 9. und 10. sich aber bis gegen 1000 Personen erhöhte. Aus den revolutionären Reden entsprang eine Adresse in den allgemeinen Forderungen. Sie wurde am 11. dem Magistrat übergeben; dieser verwarf sie, was große Aufregung erzeugte, und fertigte nun selbst eine gemäßigte an, die der König empfing. Den 11., 12. und 13. fanden wieder bei den Zelten Versammlungen von lauter Handwerkern statt, die von denselben Literaten instruiert wurden über ihre ungünstige Lage, zur Auflehnung gegen das Gesetz angefeuert wurden usw. Alle diese Demonstrationen wurden von der Behörde nicht gehindert; warum nicht, vermag ich nicht einzusehen, denn die Ansicht, welche aufgestellt wurde, daß das alles unschädlich sei, daß man der Sache keine Wichtigkeit beilegen dürfe, die sie nicht habe, daß sie sich selbst lächerlich machen müsse usw., waren Gründe, die ich entschieden bekämpfte, aber nirgends Anklang mit meiner Ansicht fand; ich täuschte mich keinen Moment, wohin das führen würde.
Am 13., abends, zuerst fürchtete man ein Handwerkerdemonstration gegen das Schloß, und die Garnison rückte um 7 Uhr aus nach den Schloßplätzen und dem Zeughause. Das Schloß war schon seit mehreren Tagen mit drei Kompanien besetzt. Ich eilte zum König. Um 9 Uhr heißt es, es sei alles ruhig, ich will also nach Hause reiten über den Schloßplatz an der Breiten Straße. Als ich aus dem Portal herauskomme, sehe ich eine Eskadron Gardekürassiere die Breite Straße und eine Eskadron Gardedragoner die Arkaden der Stechbahn atta-

ckieren; Ruhe war also nicht, die erst um 11 Uhr eintrat. Am 14. war Fritz in Potsdam. Ich war mit der Königin ... und Strelitzens in der Oper, als um 1/2 9 Uhr mir die Meldung zugehet, es stünden neue Unruhen bevor, und die Garnison rücke aus. Ich konnte nur Sorge tragen, daß die Herrschaften sicher ins Schloß kamen, was sehr leicht ging, da nur wenig Menschen sich gesammelt hatten. Es wuchs natürlich die Aufregung in der Stadt mit jeder Truppenausrückung und wegen Klagen, daß auch Unschuldige Säbelhiebe erhalten hätten; die beständige Anschuldigung gegen die Truppe, als ob diese beim Einhaun erst jeden einzeln fragen sollte, ob er schuldig oder unschuldig sei! Nichtsdestoweniger erschien eine Verfügung des Gouvernements und Ministers des Innern, nach welcher eine Untersuchung gegen die Gardekürassiere eingeleitet werden sollte, welche Unschuldige blessiert hätten. Ich war so aufgebracht über solche Anordnung im Moment, wo die Truppe täglich unter dem Gewehr standen, daß ich beim König klagte; doch das verschwand ja alles in dem Späteren.

Am 15. abends wurde der Auflauf immer stärker. Der General Pfuel amusierte sich diesmal damit, die Menschen nicht vom Schloßplatz, der Breiten Straße zurückzudrängen, sondern ließ sie zwei Stunden die Truppen im Schloßportal mit Steinen bewerfen und auf alle mögliche Art beschimpfen!, während die sogenannten Schutzbürger dies Skandal nicht hindern konnten. Hier kam es vor, daß die Soldaten so wütend wurden durch die Blessuren, daß einzelne die Gewehre anschlugen, ohne Befehl; General Pfuel befahl abzusetzen – und kein Schuß fiel; das war gewiß ein Beweis von Disziplin. Aber zu verantworten hat es der, der die Truppen

so reizen ließ und sie damit total demoralisieren konnte, was glücklicherweise nicht geschah. Mir war aber das Benehmen des Generals Pfuel so über jeden Begriff, daß ich ihn auf das nachdrücklichste zur Rede stellte, obgleich ich nicht Augenzeuge der Szene gewesen war, indem ich erst ins Schloß kam, als er nach zweistündigem Zaudern endlich den Platz hatte säubern lassen durch die Garde du Corps. Er verklagte mich sogleich beim König; ich bat um Verzeihung, wenn ich mit Worten zu heftig geworden wäre, über die Sache selbst könnte ich nichts zurücknehmen, da ich, nach solcher Handhabung der Truppen, nicht mehr für deren Geist repondieren könnte! Setze Dich auf einen Augenblick in meine Lage und bedenke, daß ich mit Stolz wußte, von welchem Geist meine Truppen beseelt waren (sie haben es am 18. ruhmvoll bewiesen), und nun mußte ich sie auf eine Art durch den Gouverneur verwendet sehen, die gegen alle militärischen Ansichten läuft, erwartend, daß sie im entscheidenden Moment, durch solche Verwendung demoralisiert, den Dienst versagen könnten! Und ich nicht einschreiten zu dürfen, da mir jede Einwirkung bei Aufläufen auf Papas Befehl von 1838 untersagt ist, – und Du kannst Dir einen Begriff machen von meiner Stimmung und meinen Gefühlen! -
Es wurden an diesem Abend die ersten Versuche zu Barrikaden gemacht, und zum ersten Male mußte geschossen werden an vier verschiedenen Punkten, aber nur wenige Schuß. Ich blieb bis 11 Uhr auf dem Schloß. Die Truppen rückten um 1 Uhr ein. Am 16. verlegte sich das Versammeln der Menschen vom Schloßplatz nach der Universität, dem Opernplatz und meinem Palais, weil man wußte, daß die Studenten einen Aufzug zum Kom-

mandanten halten wollten, um sich Waffen auszubitten. Dies geschah um 12 Uhr. Die Waffen wurden ihnen natürlich abgeschlagen, da man sie auf die Masse Truppen verwies, die in der Stadt ständen; dagegen gestattete man ihnen, sich als Schutzmänner einschreiben zu lassen. Die sich nicht verlaufenden Menschenmassen, das Haranguieren in den einzelnen Gruppen, das Fortstürzen nach solchen Anreden ließ ich nicht ohne Besorgnis; man sah, es wurden Vorbereitungen zu etwas Ernsterem gemacht. Als abends 6 Uhr eine Proklamation der Behörden an den Straßenecken endlich angeschlagen wurde, in welcher zur Ruhe und zum Zuhausegehen ermahnt wurde, diese Affichen aber sofort unter Jubel abgerissen wurden, da sah ich, daß die Autorität bald aufhören würde, und ich kam dem Befehl des Königs zuvor, mit meiner Familie auf das Schloß zu kommen, weil man auch mein Palais angreifen wollte. Es war mit einem Zug Alexanderregiment besetzt; als ich fortfuhr, wurde aus dem Zeughaus ein zweiter Zug hingeschickt. Dieser mußte sich durch die Menschenmassen durchwinden, und als er unter den Fenstern der Fürstin war, wurde er so mit Steinen beworfen, daß der Offizier nach dreimaligem Auffordern zum Zurückgehen Feuer geben ließ, wodurch zwei Menschen stürzten und der gesamte Platz bis zu den Linden, wohl 5000 bis 6000 Menschen, in einer Minute geräumt war. Dadurch war die Ruhe für den Abend erlangt. In der Stadt rückten zwei Bataillone des 1. Garderegiments ein, und aus Stettin, Frankfurt und Halle rückten 9 Bataillone in die Umgegend der Stadt.

Am 17. wiederholten sich die Szene den ganzen Tag über auf dem Opernplatz; abends rückten die Schutz-

männer, vielleicht 800 bis 1000 Personen, wie die hiesigen Konstabler mit Binden und Stöcken aus und bewirkten bis 1/2 9 Uhr abends das Auseinanderbrechen der Haufen. Durch diesen Erfolg wuchs den Bürgern der Kamm, und in der Nacht beschlossen die Schutzmänner, sich an die Spitze der Bürgerschaft zu stellen und um 2 Uhr mittags (Bemerkung am Rande: 18.) einen Aufzug nach dem Schloß zu halten, den König zu vermögen , die Truppen zurückzuziehen aus den Dörfern, auch keine mehr in der Stadt zu gebrauchen, Pressefreiheit, Deutschtum, Bürgerbewaffnung usw. Diese ganze Demonstration erscheint mir als der Wendepunkt der Besinnung der Bürgerschaft. Es sollte bei dieser Gelegenheit erreicht werden, was freilich am 19. erreicht wurde, – die momentane Volksherrschaft! Der Magistrat verhinderte den Aufzug und kam als Deputation desselben, die Bitten vortragend. Die Preßfreiheit und das Deutschtum ward ihr, als in einer Stunde gedruckt erscheinend, verkündet, das übrige abgeschlagen. Es war 12 Uhr; die Deputation verkündete die Antwort den versammelten Gruppen auf dem Schloßplatz, ein enormer Jubel erscholl, Tausende und Tausende strömten herbei, der König erschien mehrere Male auf dem Balkon, es war eine Freude. Der Jubel vor dem Portal verwandelte sich aber bald in Schimpfen auf die Soldaten, welche das Portal besetzt hatten, um das Durchdringen der Massen zu hindern, untermischt mit Vivats. Der Minister Bodelschwingh trat auf den Balkon und bat um ruhiges Auseinandergehen, worin die Menschen dem König ihre Liebe zu erkennen geben möchten, da dieser sonst nicht arbeiten könnte. (Er arbeitet jetzt nämlich in den Zimmern der Reeden.) Der Lärm und die Insulten gegen

das Militär wurden immer heftiger; man sah Geld unter die Menschen verteilen, um nicht fortzugehen.
Endlich ging der Vouverneur, Graf Arnim, Minutoli herunter, um das Volk zum Auseinandergehen zu bewegen. Vergeblich! Da befahl endlich der König dem Generalleutnant v. Prittwitz, er möge mit einigen Zügen Dragonern und Infanterie, ohne Gewalt, mit eingestecktem Säbel den Platz säubern. Dies geschah wörtlich. Im Schritt rückten die Dragoner von der Stechbahn vor, aus dem Mittelportal eine Kompanie Kaiser Franz nach der Breiten Straße , eine andere nach der Kurfürstenbrücke. In einer Minute war der ganze Platz leer, so daß die Truppen auf dem leeren Platz herummarschierten. Da wollte nun das Unglück, daß in einem Infanteriezug, der von der Ecke der Breiten Straße in Rechtsum längs den Häusern nach der Brücke marschierte, kurz nach einander, in der Mitte des Zuges, sich zwei Gewehre entluden (so daß ich nur ausrief: "Wenn nur niemand in den Fenstern oben getroffen ist!", indem die Schüsse nach oben aufgingen), worauf der Mann der Spitze anschlug und Feuer gab, ohne zu treffen, glaubend, es sei Feuer befohlen. Diese unglückliche Zufall ward Veranlassung zu dem folgenden Trauerspiel! Indessen wenn man überlegt, daß diese drei Schüsse hinreichen sollten, ganz Berlin mit Barrikaden in Zeit von zwei Stunden zu verschanzen; wenn man bedenkt, daß zur selbigen Zeit aus einem Revolutionsklubhause in der Jägerstraße aus deren Fenster auf eine Patrouille geschossen wurde, daß gleichzeitig die Posten an Papas Palais und vor dem Gouvernement massakriert wurden, daß alle Ordnonnanzoffiziere in der Kommandantur sofort vom Volke blockiert wurden, so sieht man leider nur zu klar, daß

hier ein langgehegter Plan zur Ausführung kam, den man nur von einem Zufall abhängig machen wollte, und diesen mußten die unglücklichen Schüsse abgeben, denn Minutoli sagte kurz vorher noch: "Das Geräusch eines fallenden Apfels, das für einen Schuß gelten könnte, entzündet heute die Gemüter."

Da der Gouverneur in seinem Hause blockiert war, so übertrug er König dem Generalleutnant Prittwitz das Kommando; alle Truppen wurden sofort auf die Nachricht, daß die Bürger zu den Waffen griffen, versammelt und die außerhalb liegenden Truppen durch verkleidete Offiziere an die verschiedenen Tore beordert. Um 5 Uhr fielen die ersten Schüsse aus einer Barrikade vis a vis der Kurfürstenbrücke, auf das Füsilierbataillon des 1. Garderegiments. Dies ging nun zum Angriff vor und bekam Feuer, Steine, Wasser aus den Häusern; es fing an, nach den Fenstern zu schießen, ein großer Fehler; dann nahm es aber im ersten Anlauf die Barrikade und so eine nach der anderen bis zum Königstädter Theater. Auf allen Punkten entspann sich nun in der Stadt das Gefecht, und um 9 Uhr abends war der Rayon erobert, den Generalleutnant Prittwitz sich vorgesetzt hatte, vor der Nacht innehaben zu müssen. – Ich schließe für heute, weil Bunsens Courier fort muß. Später den 2. Teil.
Ewig
Dein Wilhelm.

Der General Prittwitz hatte sich als Ziel, welches bis zur Nacht erobert sein müßte, den Rayon gesetzt, der mit dem linken Flügel am Oranienburger Tor begann, dann die Spree bis zum Königstädter Theater, von dort über die Straße nach dem Wolkenmarkt, die Spree-

brücken usw. nach dem Halleschen Tor (mit Bleistift zugefügt hinter "Brücken": "Leipziger Straße" und über "Hallischen": "Potsdamer"). Alle diese Punkte waren bis 11 Uhr nachts in seinen Händen, und nur in der langen Friedrichstraße dauerte der Kampf noch bis gegen Morgen fort. Am spätesten war der Kampf um die enorme Barrikade am Ende der Breiten Straße, also in der Tiefe dieser Straße, vis a vis des Schlosses. Die Verspätung dieses Kampfes kam daher, daß ungefähr um 1/2 7 Uhr der Bischof Neander mit einer Deputation der Bewohner jener Gegend zum König kam, mit dem Antrage, jene Barrikade nicht anzugreifen zu lassen. Fritz erwiderte, daß, wenn sie eingerissen würde, man sie auch nicht angreifen werde, worauf Generalleutnant Prittwitz bestimmte, daß er bis auf 3/4 9 Uhr warten wolle, dann aber angreifen müsse. Da von Einreißen der Barrikade nicht die Rede war, also der Bischof nichts ausgerichtet hatte, sondern der Bau derselben verstärkt wurde und eine immense deutsche Fahne (damals noch ein feindliches Zeichen!) auf den Häusern daselbst wehte, so begann der Angriff.

Hier muß ich noch eines eigenen Umstandes erwähnen, der mich und die Beschuldigungen betrifft, daß ich die Befehle gegeben und zuerst das Feuern befohlen hätte. Ich hatte die Blessierten im Schloß besucht, sorgte eifrigst für Herbeischaffung von Verpflegung für die Truppen und ging auf dem Schloßplatz umher und sprach mit den Soldaten und ließ mir erzählen, wie sie sich geschlagen hatten; es war eine wahre Freude zu hören, wie sie sich äußerten! So kam ich zu den Geschützen, welche an der großen Kandelaberlaterne, die auf dem

Schloßplatz an der Breiten Straße stehet, standen, als gerade von der Barrikade ein Ausfall gegen diese Geschütze gemacht wurde, mit einigen Flintenschützen. Die Geschütze wollten feuern, da befahl ich, nicht zu schießen, weil die Zeit der Konvention nicht abgelaufen war, eilte zu Fritz, der befahl, was ich bereits angeordnet hatte, sei das Richtige; so eilte ich zur Batterie zurück, und ein Zug Ulanen trieb den Ausfall zurück. Dies ist der einzige Befehl, den ich gegeben habe, also gerade ein friedlicher!
Um 9 Uhr begann das Geschützfeuer mit Kugeln und Granaten, dem wir aus den Fenstern zusahen! Alle Häuser, aus welchen die Barrikade aus allen Etagen durch Kreuzfeuer verteidigt wurde, wurden erbrochen und die Verteidiger bis unter die Dächer verfolgt, wobei viel Blut geflossen ist! Sogar die Treppen waren mit Bettgestellen und Spinden bedeckt, um das Eindringen zu erschweren, aber die braven Truppen fochten wie die Löwen und überwanden alles. Es focht hier das II. Bataillon des 1. Garderegiments und Kaiser-Franz-Grenadierregiment. Sie verloren hier fünfzig Mann Blessierte und sechs Tote; dreißig blessierte Bürger kamen mit ins Schloßlazarett, welches in alle den Zimmern eingerichtet wurde, die Du 1821 bewohntest. Die ganze Nacht hindurch wurde von den Kirchtürmen Sturm geläutet; der ganze Himmel war in Glut von dem angelegten Feuer in der Eisengießerei und den noch dabeistehenden, kaum fertig gewordenen Artilleriewagenhäusern, wo das ganze Kriegsmaterial der Gardeartillerie verbrannte, fast eine Million an Wert! Ebenso brannte ein Haus am Königstädter Theater. Es war eine furchtbare Nacht!

Um Mitternacht kehrte ich mit den Meinigen nach dem Palais zurück. Sie waren von früh 10 Uhr an dort gewesen und hatten um 12 Uhr mittags es wieder verlasssen, als der Jubel enthusiastisch herrschte; Auguste hatte einen Besuch gemacht und wollte nun spazieren fahren, als man ihr die Nachricht brachte, wie sich alles in 1 1/1 Stunden verändert habe, worauf sie sofort wieder mit den Kindern ins Schloß kam.
Ich blieb bis 2 Uhr Nachts in meinen Zimmern, um von Papieren zu verbrennen und sonst in Sicherheit zu bringen, soviel ich vermochte; denn daß der 19. ein entscheidender Tag sein mußte, war klar. Um 2 Uhr verließ ich mein Haus – um es nicht wieder zu betreten! Im Schloß war ein komplettes Biwak in allen Zimmern und Sälen von den Umgebungen des Königs aufgeschlagen; ich legte mich auf einem der Sofas im großen Salon der Königin, wo auch Massow und General Below lagen.
Der Sonntagmorgen war schön und still; das Publikum zirkulierte einzeln auf den Plätzen am Schloß ganz friedlich, kein Schuß fiel; die Truppe voll des besten Geistes und Mutes! Ein Gardebataillon aus Spandau rückte ein, als Ersatz für eins vom Königsregiment, welches 400 Gefangene nach Spandau transportierte; 200 saßen noch im Schloß; lauter Gesindel und viele Studenten. Von fremden Ruppen waren zwei Bataillone Königsregiment von Stettin nach Charlottenburg gedampft, wovon eines derselben den 18., abends 8 Uhr, durchs Brandenburger Tor einrückte und die Gefechte in der Beeren- und Friedrichsstraße führte; drei Bataillone 7. Regiments von Frankfurt a.O. drangen zum Landsberger Tor ein und mußten sich durchschlagen bis zum Königstädter Theater, wo sie sich mit den anderen verei-

nigten. Zwei Bataillone 12. Regiments drangen zum Potsdamer Tor ein, ebenso zwei Bataillone vom 21. Regiment. Über diese Truppen bekam Thümen den Befehl, der eben von Posen ankam, da er nach Frankfurt a.O. versetzt war, dort aber seine Truppen aufmarschiert fand; er meldete sich bei Fritz im Schloßhof, als dieser die Blessierten und die Truppen besuchte; es war 9 Uhr früh.

Von dieser Zeit an kamen Deputationen über Deputationen, mit der bitte die Truppen zurückzuziehen und die Bürger zu bewaffnen, worauf sofort die Ordnung hergestellt sein würde! Es wurde Kriegsrat gehalten, aber kein Entschluß gefaßt; man schwankte zwischen Erneuerung des Kampfes, ruhigem Stehenbleiben und Abmarsch mit allen Truppen, um die Stadt sich zu überlassen und sie zu zernieren. Endlich blieb man dabei, daß die schöne Proklamation des Königs in Ausführung kommen solle, daß nämlich da, wo eine Barrikade von den Bürgern demoliert werden würde, man dies als einen Beweis des Friedensantrages betrachten werde und vis-a-vis derselben die Truppen zurückziehen würde. Mit dieser Antwort, die unter den vielen Deputationen völligen Anklang zu finden schien, entfernten sich die Mitglieder derselben, mit vielen Exemplaren der Proklamation versehen, um sie nach allen Stadtteilen zu bringen. Es herrschte Ruhe, kein Schuß fiel mehr. Im Schloß war das Getriebe desto ärger; beständig kamen ungerufene Menschen mit allerlei Vorschlägen; die Minister, welche schon Tages zuvor ihre Demission gegeben hatten, kamen nach und nach, um ihre Funktionen niederzulegen; schmerzliche Szene und Augenblicke; denn wenn auch Fehler von ihnen menschlich begangen

worden sein mögen, so waren es doch Ehrenmänner, die lange und ehrenvoll gedient hatten! Graf Arnim, den Fritz schon am 18. berufen hatte, um an die Spitze zu treten, war gegenwärtig. Jeder gab noch guten Rat und wurde konsultiert. So dauerte dieser Zustand bis vielleicht 11 Uhr (Auguste und die Kinder kamen um 8 Uhr wieder auf das Schloß).
Da kam eine Deputation unbekannter Leute, um anzuzeigen, daß jenseits der Königsbrücke drei Barrikaden eingeebnet würden durch die Bürger. Es ergab sich später, daß diese Anzeige eine vollständige Lüge war!! Ich schlug vor, durch Offiziere die Sache konstatieren zu lassen; es entstand aber sofort eine Art Siegestaumel, daß die Befehle des Königs durch die Bürger respektiert würden, obgleich ich nun sagte, daß natürlich auf der Stelle die Truppen nach dem Wortlaut der Königsproklamation zurückgehen müßten. Mit einem Male kam der Minister Bodelschwingh ins Zimmer (Speisezimmer), wo die Deputation wartete und wir alle versammelt waren, und rief mit lauter Stimme und rotem Kopfe: "Da die Barrikaden verschwinden, so befehlen seine Majestät, daß die Truppen von allen Plätzen und Straßen zurückgezogen werden sollen." Der Minister donnerte mir entgegen: "An den Worten des Königs darf nichts geändert und gedeutet werden." Ich fragte, ob denn unter allen Plätzen auch die Schloßplätze zu verstehen seien, da dies doch die einzigen wären, wo die rückkehrenden Truppen sich aufstellen könnten. Der Minister donnerte dieselben Worte nochmals gegen mich, hinzufügend: "Nun laufen und reiten Sie, meine Herrn, um die Befehle zu überbringen! Die Truppen sollen mit klingendem Spiel abziehen!"

Dies waren die letzten Worte, welche Bodelschwingh als Minister sprach, und von dem Moment an verschwand er. Jedenfalls hatte dieser sonst so ausgezeichnete Mann den Kopf gänzlich verloren, und er stürzte mit jenen Worten Preußen in den jetzigen Abgrund! Ich war in Verzweiflung und rief zu allen Umstehenden, gerade so sei ja der Sturz Louis Philipps gewesen, und nun machen wir es ebenso! Alle Umstehenden stimmten vollständig mit mir überein. Ich suchte den König, konnte ihn aber nicht finden, fand aber Graf Arnim (im ehemaligen ersten Zimmer der Gräfin Rheeden, jetzt Vortragszimmer) schreibend; ich fragte: "Was machen Sie denn? Wo ist der König?" Worauf er erwiderte: "Ich formiere das neue Ministerium!" Ich las die Namen Auerswald und Schwerin (letzterer hatte sich am Schluß des Landtages und beim Ausschuß als ein durchaus ehrlicher und patriotischer Mann gezeigt und ist jetzt der edle Teil des Ministeriums). Ich fragte ihn: "Aber das ist ganz wie in Paris, wie Guizot und Thiers; warten Sie doch damit noch!" "Nein", war die Antwort, "es ist die höchste Zeit!"

Als ich ins Eßzimmer zurückkam, trat Fritz ein, er sah unser aller Konsternation und wir erzählten ihm den Bodelschwinghschen Auftritt. Er versicherte, ihm keinen anderen Befehl gegeben zu haben als den der Proklamation, und das müßte noch gutgemacht werden. In demselben Moment kam aber schon das Füsilierbataillon 1. Garderegiments tambour battant (was Bodelschwingh express befahl) über die Kurfürstenbrücke, dahinter das von Alexander, und die Menschenmasse stürzte nach. Fritz befahl, die Brücke sollte gesperrt bleiben – es war zu spät! Die rückkehrenden Truppen rückten in die

Schloßhöfe und auf den Domplatz! Als die Brücke unbesetzt blieb, sagte ich zu Auguste: "Nun sind wir verloren!" Ich war vernichtet! Denn ich sah alles vorher, was nun kommen würde. Ich nahm alle meine Contenance zusammen, weil der Moment entscheidend für die Truppen war, ob sie gehorsam bleiben würden in der Erbitterung über die Zurückziehung nach dem Siege oder ob sie fraternisieren würden mit dem Pöbel! Ich ging in die Schloßhöfe und nach dem Domplatz, wo kein Mensch vom Publikum war. Ich ging durch die Glieder, dankte den Soldaten für die Ausdauer und den bewiesenen Mut, hinzufügend, daß nun Friede sei, der König aber gewiß auf sie rechnen könne, wenn er sie wieder riefe! – worauf ein donnerndes Ja! erfolgte. Ich tat ganz unbefangen; wenn ich aber an die Offiziere kam, die fest in den Gliedern standen, während ihnen die Tränen über die Wangen auf die Heldenbrust strömten, da konnte ich natürlich die meinigen auch nicht zurückhalten, und stillschweigend drückten wir uns die Hände, während ich laut und unbefangen zu den Leuten sprach! Die Offiziere verstanden, was mein Erscheinen bedeutete! Es war in Moment, in welchem ich alle meine moralischen und physischen Kräfte zusammennehmen mußte, aber es war fast zu viel für mich! Gott gab mir die Kraft, und ich glaube daß ich durch diesen Akt das Gute gestiftet habe, daß die Truppen nicht einen Augenblick wankten!

Als ich in die Zimmer der Königin zurückkehrte, fand ich alles in der Auflösung und Tränen. Jeder sah ein, was geschehen sei. Ich beruhigte, wo ich konnte , und sagte, die Truppen seien noch alle da, und sie ich sie gefunden hätte. Mit einem Male hörte ich trommeln; ich stürze an das Fenster und sehe – das 1. Garderegiment aus dem Königinportal abmarschieren über den Schloßplatz, unter Zujauchzen des Volkes. Zugleich kommt von allen Seiten der Ruf, daß die Truppen die Plätze verlassen.

Ich frage den Kriegsminister, ob er es befohlen; er sagt: "Im Gegenteil, ich habe befohlen, daß die Truppen um das Schloß biwakieren sollen." Da kommt jemand (ich glaube Massow) und sagt: "Graf Arnim soll es befohlen haben, erklärend, halbe Maßregeln taugten nichts, also es müßten die Truppen in die Kasernen rücken." De Kriegsminister warf seinen Hut auf den Tisch und sagte: "Das mag der Graf Arnim verantworten!" und ich setzte hinzu: "Nun ist alles, alles verloren!" Und so war es auch! Denn jetzt fing schon der sogenannte Volksjubel unter dem Balkon an (Füsilierbatillon Alexander und Franz behielten das Schloß noch besetzt). Der König erschien mehrmals auf dem Balkon mit uns allen, und es erscholl Hurra über Hurra! Bald darauf aber wurde geschrieen: "Gefangene los!" Fritz erschien wieder und sagte: "Sie werden kommen, denn sie sind frei; sehet sie euch an, ob sie euch g e f a l l e n!" Dieser letzte Zusatz war wohl nicht königlich, er wurde dahin mißverstanden, daß sie nicht a l l e frei seien, also neues Geschrei: "Alle, Alle!" Fritz mußte also wieder erscheinen und sagen, daß sie alle frei wären! Dies war das letzte Mal, daß ich mit auf den Balkon trat, weil man mir sagte, daß das Volk wütend auf mich sei, weil ich das Blutbad kommandiert hätte, und ich daher mich nicht mehr zeigen sollte. Das Schreien und Lärmen dauerte fort: "Truppen fort! Waffen! Polen frei!"

Es wurden einzelne Leichen über den Schloßplatz getragen, mit Hunderten von Menschen begleitet.
Aber am höchsten stieg nun die Scheußlichkeit, als drei Leichen, ganz angezogen, mit Blut befleckt, auf Tischplatten gelegt, mit Lorbeerblättern bedeckt, vor den Balkon gebracht wurden und Tausende von Menschen mit entblößtem Haupte nach dem König schrien. Er m u ß t e kommen, um sich die Leichen anzusehen!!! Bei dieser Szene drehte sich einem das Herz im Leibe um. Eine solche Schändlichkeit, ein solcher Kannibalismus ist in der Weltgeschichte noch nicht dagewesen! Ales weinte in den Zimmern, man fiel sich in die Arme, vor Schaudern, daß man so etwas erleben mußte! Während unten kannibalische Freude herrschte, herrschte oben die zerschmetterte Trauer – über den Fall des Königtums und der Monarchie. Denn dies Gefühl, in Zeit von einer Stunde, die königliche Würde, Ansehen und Macht in den Staub treten zu sehen und die angestachelte Volkswut und angebliche Volkssouveränität an deren Stelle – war ein fürchterliches Gefühl! Dies war die Stunde des Falles Preußens, von dem es sich n i e w i e d e r erholen kann!
Das heitere Wetter, was bisher den Revolutionsszenen geleuchtet hatte, wich vor einem Platzregen; aber er änderte die Szene nicht. Man konnte es aber nicht mehr vor Geschrei und Horreur in den vorderen Zimmern aushalten, und alles versammelte sich in der Halle, die in dem nun dunklen Wetter beinahe finster wurde. Deputationen über Deputationen kamen; angemeldet und unangemeldet kamen Menschen hinein, die man nicht kannte; es war ein Zustand, von dem kein Mensch sich einen Begriff macht. Das Hauptgeschrei war nach Waf-

fen für die Bürgerschaft und Studenten. Der König schlug es mehrere Male ab. Dabei kam folgende Szene vor: Der Bürgermeister Naunyn kam mit mehreren Stadtverordneten, u. a. ein Herr Schauß, beide sehr ultraliberal, von denen letzterer auf dem Landtage eine sehr gehässige Rolle gespielt hatte. Sie forderten Waffen, weil die Erbitterung gegen das Militär so hoch gestiegen sei, daß man ihm die Bewachung des Königs nicht überlassen wolle, wobei der Naumyn soweit ging, dem König zu sagen, er sei schuld an allem, weil er am 18. um Mittag die jubelnden Bürger habe durch Säbelhiebe und Schüsse vom Schloßplatz vertreiben lassen Da nun Fritz in seiner Proklamation, in der Nacht geschrieben, gerade der Wahrheit gemäß, daß dies n i c h t der Fall gewesen sei, gesagt hatte, so riß mir und Albrecht die Geduld und wir riefen gleichzeitig: "Das ist nicht wahr, das ist eine freche Unwahrheit!" Worauf Fritz, allerdings mit Recht, uns zuschrie, wir sollten still sein, wenn er in Unterhandlungen sei! Nun nahm der p. Schauß das Wort und verlangte Waffen für das Volk, was wehrlos sei. Da rief ihm Fritz mit fester Stimme zu: "Erinnern Sie sich, daß sie mit schuld daran sind, daß mein Volk gegen mich aufsteht, denn Sie haben es mit verleiten helfen!" Das rührte das Gewissen des Mannes, und er fiel ohnmächtig nieder!
Das Schreien nach Waffen wurde immer ärger, und als nun ganz wohlgesonnene Männer und bewährte Leute erklärten, daß zur Sicherung des Königs nichts andere übrig bliebe, als eine Bürgergarde zu organisieren, gab der König nach, und der Kriegsminister schrieb unter Tränen den Befehl, die nötigen Gewehre aus dem Zeughause zu liefern! Der Graf Arnim war es, der zu allen

diesen Konzessionen riet, aber es blieb auch nichts übrig, da man alle Macht aus den Händen gegeben hatte, um irgend Widerstand leisten zu können. Er ging selbst mit dem Polizeipräsidenten Minutoli (der übrigens in der ganzen Zeit eine sehr zweideutige Rolle gespielt hat) nach dem Zeughause, um die erste Organisation zu leiten.

Zu der Zeit, als der Kannibalenaufzug mit den Leichen erfolgte, wurde die Idee aufgegriffen, Berlin zu verlassen, ganz öffentlich, in der Mitte der zwei noch vorhandenen Bataillone, oder im Geheimen. Der Wagen des Königs wurde geholt – das Volk schickte ihn fort! In der Mitte der Bataillone, zu fuß, sah man ein, war es unmöglich, da man von den 20 000 bis 30 000 Menschen, die das Schloß umlagerten, erdrückt worden wäre. Dennoch blieb dieser Gedanke lange fest bestehen. Dann aber wurde Rostiz' Wagen für den König und die Königin und Arnims Wagen für uns an der Apothekentür bereitgehalten. Dies Entkommen wäre ungesehen möglich gewesen (wie ich es einige Stunden es später erlebte). Während eines zweistündigen Zauderns über diese Pläne gingen alle, Herren und Damen, in Mänteln in den Stuben umher, um den günstigsten Moment zum Entkommen sofort zu benutzen. Es unterblieb. Es wurde jetzt diniert, die Majestäten allein bei Fritz, alle übrigen in der Halle. Ein schreckliches Mahl! Jeden Augenblick kamen Bekannte, um ihr Beileid zu bezeugen! Unter Tränen drückte man sich stumm die Hände, denn was sollte man schon sagen? Onkel Wilhelm rief aus: "Es ist mir gerade zu Mut wie nach der Schlacht von Auerstädt, aber zum zweitenmal den Fall der Monarchie zu erleben, hätte ich nicht erwartet."

Als man aufstand, hörte man einen Choralgesang im Schloßhof, und als man ans Fenster trat, sah man einen großen Möbelwagen, in dem wieder 16 Leichen sich zur Schau befanden! Alles mußte die Hüte abnehmen – und der König wiederum erscheinen au der offenen Galerie -; es war zu viel! Bald darauf kamen die ersten bewaffneten Bürger und machten endlich Ordnung im Schloßhof und suchten freue Passage zu erhalten. Noch waren alle Treppen zum König und zur Königin stark mit Truppen besetzt; sie wurden nun teils mit Bürgern gemischt, teils ganz zurückgezogen. Da entstand wieder der Gedanke zu entkommen; alles zog wieder die Mäntel an, und wir waren entschlossen, den König bis auf den letzten Tropfen unseres Blutes zu verteidigen! Es wurde wieder aufgegeben, weil Graf Arnim versicherte, dann sei Berlin und der Thron wohl auch verloren! Möglich war es, weil keine Truppen vorhanden waren, die das Asyl des Königs schützen konnten, das Volk ihm also nachgedrungen wäre, sobald man seine Flucht erfahren hätte. So verstrichen die Stunden von fünf bis sieben Uhr. Ich saß fast unbeweglich und stumm in der Halle; meine physische und moralische Kraft war ganz gelähmt.
Da sah ich zwei Offiziere von Alexander in Zivilkleidern, die mir ein Zeichen machten. Ich ging auf sie zu, und sie sagten mir, daß ihr Regiment die Kaserne verlassen müsse, weil sie sonst belagert würden; zugleich kam der Major Graf Röder, der das Füsilierbataillon Alexander im Schloß kommandierte, und meldete mir, daß er seine Leute kaum mehr halten könne, weil die Erbitterung darüber, die Bürger statt ihrer auf ihrem Posten beim König zu sehen, furchtbar sei. Ich befahl

letzterem, alles anzuwenden, sie zu beruhigen, da man sie noch brauchen werde, und der Kriegsminister erteilte dem Alexanderregiment den Befehl, auszumarschieren, wohin es wolle!! Jetzt trat Stolberg auf mich zu und sagte, der habe einen Auftrag des Königs (der fast immer in seinem Zimmer saß, völlig mutlos und vernichtet; aber keine Klage erhob er und sprach nur, wenn man ihn anredete).

Ich ging mit Stolberg in den großen Salon der Königin, und hier erklärte er mir nun, daß eine Deputation unterwegs sei, die um 7 Uhr erscheinen wolle, um vom König zu erlangen, daß er mir befehlen solle, auf mein Sukzessionsrecht zu resignieren; wenn man mich beim König fände, so gäbe dieser mir zu bedenken, ob wir nicht riskierten, bei der Aufregung der Menge und bei dem beständigen Andringen der Menschen gegen die Truppen, daß sie bei meinem Refus hereinbrechen würden und somit erzwängen, was ich nicht gutwillig täte. Fritz ließe mir also sagen, ich möchte so schnell als möglich das Schloß verlassen, damit die Deputation mich nicht mehr fände; er könnte und würde für mich nie resignieren, und wäre ich fort, so sei Zeit und somit alles gewonnen! Wie konnte ich einen Moment balanzieren, dem Befehl des Königs zu folgen, da ich einfach, daß ich nun durch mein Bleiben ihm Nachteil statt Vorteil bringen würde! Welch ein Augenblick und Entschluß! Ich ging in die Halle zurück. Auguste, die auf eine halbe Stunde unerkannt nach dem Palais gegangen war, war eben zurückgekehrt. Massow hatte ihr die selbe Bestellung gemacht (die Kinder hatte ich um 5 Uhr schon mit meinem Adjutanten Major Oelrichs, der mit mir die Reise nachher hierher machte, nach Potsdam

gesendet). Wir besprachen uns nur zwei Worte, ich nahm meinen Mantel und ging zum König!! Er wiederholte mit wenigen Worten, was Stolberg gesagt; ich konnte nur erwidern, daß,wenn es i h n retten könne, o würde ich resignieren, sonst niemals. Da kam die Königin, ganz außer sich. Nie vergesse ich, wie sie ausrief: "Nein, Du darfst nicht resignieren, aber es ist zu arg, daß auch Du noch fortmußt!" Es wurde mir ein Zivilpaletot gebracht und eine Mütze – ich nahm Abschied – so verließ ich die Majestäten!
Ich wurde mit Auguste durch kleine Korridors nach der Schloßapotheke geführt, – da ging eine Tür auf, und das ganze Füsilierbataillon Alexander stand in einem großen, mir unbekannten halbdunklen Raum vor mir, aber mit abgekehrter Front glücklicherweise, weil im selben Moment sein Kommandeur, der Major Graf Röder (der sich bei Schleswig sehr auszeichnete), es anredete und zwar mit den Worten, die ich ihnen eine Viertelstunde vorher gesagt hatte! So etwas muß man erlebt haben, um eine solche Minute zu begreifen!! Während ich meine Bestellung beim Bataillon ausrichten höre, muß ich mich, verkleidet, hinter demselben fortschleichen -. So war ich am Wagen von Rostitz, der immer noch auf den König wartete, nun aber nicht fuhr!
Ich beschloß, zu einem Herrn v. Schleinitz vor dem Potsdamer Tor zu fahren, dort einen Mietswagen zu bestellen und dann nach Spandau, wo ich mich weiter entschließen wollte. Die Beschreibung meiner Reise von hier aus werde ich später nachfolgen lassen. Hier endigt aber die Erzählung der Tage, die das alte Preußen stürzten und ihm eine neue Zukunft eröffneten. Wie diese sein wird, weiß nur Gott! Wir trauern über

eine verlorene Größe, die eine Reihe weiterer Regenten uns hatte ersteigen lassen, weil jeder derselben verstand, seine Zeit und ihre Ansprüche zu erkennen! Ob wir nun weiter steigen oder ganz fallen werden, – wer kann es wissen?
London, 5.5.48"

Eine Sache fand ich bei den Briefen besonders interessant:
Kaiser Wilhelm I schreibt fast am Anfang:
„*Der Lärm und die Insulten gegen das Militär wurden immer heftiger; man sah Geld unter die Menschen verteilen, um nicht fortzugehen.*“

Erinnert mich irgendwie an die Gegendemonstranten von PEGIDA, wo auch berichtet wird die hätten Geld fürs Protestieren bekommen; wer den Leuten damals und heute wohl die Kohle gegeben hat? Heute sind es wohl die etablierten Parteien und sie (besonders die Sozibewegungen) könnten es auch damals gewesen sein…
Aber zurück zu Kaiser Wilhelm I:

Am 10. Mai 1848 forderten ihn sämtliche preußischen Staatsminister zur Rückkehr nach Berlin auf. Gegen seine Rückkehr protestierten am 12. und 13. Mai zwei riesige Volksversammlungen und am 14. Mai ein Aufmarsch von rund 50 000 Menschen, weil sie, ähnlich wie die Gegner der PEGIDA-Demos heute, dummen, plumpen Lügen aufgesessen waren, und glaubten er wäre für die Schüsse auf be-

waffnete Demonstranten verantwortlich. Dennoch entschieden die Wähler des Kreises Wirsitz in Posen den Prinzen als ihren Abgeordneten zur Nationalversammlung; man sieht also das es auch damals wie heute Menschen gab und gibt die nicht alles glauben, was die Propaganda ihnen vorkaut, sondern lieber selbstständig denken.
Am 31. Mai traf er Haag, am 4. Juni über Arnheim in Wesel ein, die weitere Bahnreise wurde bis Magdeburg zu einem Triumphzug. Am 6. Juni traf er in Magdeburg ein, wo ihn seine Frau mit den Kindern empfing und sie gemeinsam nach Potsdam führen. Am 8. Juni fuhr er nach Berlin, um in der Singnalakademie, wo die Nationalversammlung damals tagte, seinen Sitz als Abgeordneter einnahm.

6 *Berlin, Palais Kaiser Wilhelm I. - Unter den Linden - Universität*

1849 leitete er die Niederschlagung des badischen und pfälzischen Aufstandes zur Durchsetzung der Deutschen Reichsverfassung. Auf der Zugfahrt von Mainz nach Kreuznach entging er nur knapp einer Gewehrkugel, die aus einem Getreidefeld abgefeuert worden war. Der Prinz lieferte den badischen Rebellen am 23. Juni bei Upstadt ein mörderisches Gefecht, in dem er sich rücksichtslos und unglaublich tapfer dem gegnerischen Feuer aussetzte.
Am 25. nahm er am Gefecht bei Durlach teil und noch am selben Tag zog er mit seinen Truppen nachmittags in Karlsruhe ein, nachdem die provisorische Regierung abgezogen war. Im Juli 1849 war der Aufstand endgültig niedergeschlagen. Am 19. August empfing Wilhelm in Maxau den Großherzog von Baden und geleitete ihn in seine Residenz zurück. Als der Prinz am 13. Oktober nach Berlin zurückkehrte, waren die Berliner nicht wieder zu erkennen und bereiteten ihm einen großartigen Empfang durch das Brandenburger Tor.
1849-54 wurde Prinz Wilhelm Generalgouverneur in den Provinzen Rheinland und Westfalen und nahm seinen Wohnsitz in Koblenz. Dort wurde er 1854 Generaloberst der Infanterie mit dem Rang eines Feldmarschalls und zugleich Gouverneur der Festung in Mainz. Politisch wandte sich unter dem Einfluss seiner Frau Marie Luise zunehmend dem Liberalismus zu und geriet deshalb immer mehr in Konflikt zu der konservativen Regierung seines

Bruders. Am 26.10. 1858 übernahm er nach der geistigen Erkrankung seines armen Bruders, König Friedrich Wilhelm IV, die Regentschaft und bildete das Kabinett zugunsten der Liberalen um und legte am 8. November in einem Erlass an dieses seine Regierungsgrundsätze dar, die zu einer Stärkung Preußens, verbunden mit einer notwendigen Heeresreform versehen waren.

Man muss hinzufügen dass sich die Parteien damals in vielen Dingen wie Tag und Nacht unterschieden. Anders als heute, wo wir fünf Parteien im Bundestag und in fast jedem Landtag haben, die alle dasselbe machen;

-Mehr Ausländer ins Land holen, um das Deutsche Volk abzuschaffen/abzulösen

-Mehr Geld für den „Kampf gegen Rechts“ ausgeben, wobei sie alles als rechts(radikal/populistisch) diffamieren was nicht links ist

-Mehr Geld an die EU verschenken

Das sind im Grunde die drei Dinge die dieses Lumpenpack Jahr für Jahr tut! Ganz anders als die Parteien damals, die jedoch stets unter der Aufsicht der das eigene Volk liebenden und achtenden Monarchen standen.

7 Wilhelms Krönung zu Königsberg am 18. Oktober 1861

Nach dem Tod seines Bruders, Friedrich Wilhelm IV., bestieg Wilhelm den preußischen Thron. Am 18. Oktober 1861 fand die prachtvolle Krönungsversammlung in Königsberg statt. Wilhelm setzte sich selbst die Krone aufs Haupt und nahm das Zepter, den Reichsapfel und das Reichsschwert vom Altar, danach krönte er seine Frau zur Königin und sagte:

"*Von Gottes Gnaden tragen Preußens Könige seit 160 Jahren die Krone. Nachdem durch zeitgemäße Einrichtung der Thron umgeben ist, besteige ich ihn als König. Aber eingedenk, dass die Krone nur von Gott kommt, habe ich durch die Krönung an geheiligter Stätte bekun-*

det, dass ich sie in Demut aus freien Händen empfangen habe."

Während eines Besuches in Baden-Baden, verübte am 14. Juli 1861 der Student Oskar Becker aus Baden-Baden auf König Wilhelm ein Pistolenattentat, bei dem dieser aber nur leicht verletzt wurde. Über dieses Erlebnis schrieb der König an den befreundeten Herzog Ernst:

"Gottes Gnade hat mich gerettet wir Meuchelmord. Möge diese ruchlose Tat ein Fingerzeig sein, dass nichts überstürzt werden soll. Der Täter hat schriftlich erklärt vor der Tat, dass, da ich nicht genug für Deutschlands Einheit täte, ich ermordet werden sollte. Das ist klar, aber etwas drastisch."

Über die Heeresreform geriet Wilhelm mit der Landtagsmehrheit in Konflikte. Ende 1861 gewannen die fortschrittlichen Kräfte die Wahlen, das Ministerium der neuen Ära trat zurück, da Wilhelm keine Abstriche von seiner Heeresreorganisation machen wollte, kam es zum Verfassungskonflikt. Dadurch verlor der König rasch seine frühere Popularität wieder, wie sich besonders bei den 50jährigen Erinnerungsfeiern an die Befreiungskriege und die Vereinigung der neuen Provinzen mit Preußen 1863-65 zeigte. Als sich die Problematik immer weiter zuspitzte, dachte Wilhelm I. daran zugunsten seines Sohnes Friedrich abzudanken.

1862 berief Wilhelm Otto von Bismarck zum Ministerpräsidenten von Preußen und ließ sich im Wesentlichen von ihm lenken. Trotz mancher Streiterei wurden die beiden die besten Freunde, die einander ein Leben lang verbunden blieben. Bismarck verfolgte mit kühnem Plan die "kleindeutsche" (ohne Österreich) Einigung des Reiches. Da aber die öffentliche Meinung in zwei Lager gespalten war und die "Großdeutschen" keinesfalls die "kleindeutsche", preußische Lösung akzeptieren wollte, wurden der König und Bismarck nach dem Fürstenkongress von 1863 und dem Konflikt um Schleswig-Holstein 1864 heftig kritisiert.
Im Deutschen Krieg vom 1866 kam es zur offenen Auseinandersetzung Preußens mit einigen wenigen Verbündeten gegen den Deutschen Bund unter Führung Österreichs. Am 11.Juni 1866 forderte Österreich im Bundestag zu Frankfurt a.M. "zum Schutze der inneren Sicherheit Deutschlands und der bedrohten Rechte seiner Bundesglieder" die Mobilmachung der sieben nichtpreußischen Bundeskorps zum Bundeskrieg gegen Preußen.
Für Preußen bedeutete dieser Antrag ein Bruch des Bundeshauptes, denn nach dem Bundesrecht gab es einen Bundeskrieg nur gegen einen äußeren Feind, aber niemals gegen ein Bundesmitglied. Der österreichische Antrag wurde am 14. Juni von der Mehrheit des Bundestages mit 9 gegen 6 Stimmen angenommen. Preußen richtete daraufhin am 16. Juni

eine Note an die norddeutschen Staaten und konnte sie größtenteils zum Kampf gewinnen. Der Krieg bedeutete das Ende des 1815 gegründeten Deutschen Bundes. In der entscheidenden Schacht bei Königgrätz besiegte die moderne Armee Preußens die österreichisch-sächsischen Verbände und entschied so den Krieg.

Die Bedeutung der Schlacht bei Königgrätz ist meiner Meinung nach sowohl im allgemeinen politischen Zusammenhang als auch als Markstein der militärstrategischen Entwicklung in Europa zu sehen. Mit Königgrätz beginnt das Zeitalter der großen Manöver von Massenheeren, die mit der nun ausgebauten Eisenbahn schnell und einzeln bewegt wurden und im Unterschied etwa zur napoleonischen Epoche reine Feuergefechte (Feuertaktik) führten. Das Bajonett als kampfentscheidende, weil in der konkreten Gefechtssituation Mann gegen Mann einzusetzende Waffe (Stoßtaktik) wurde durch die ansatzweise Automatisierung der Handfeuerwaffen endgültig historisch. Zugleich wurde hier jedoch die Auftragstaktik erstmals in großem Stil angewandt, jene auf Friedrich II. und Napoleon gleichermaßen zurückgehende Weiterentwicklung der ursprünglich durch die Lineartaktik bedingten engen Bindung auch der mittleren Truppenoffiziere an die strikten operativen Vorgaben der Armeebefehlshaber zu selbstständiger, eigenverantwortlicher und den jeweiligen Geländeverhältnissen flexibel anzupassender Truppenführung. Nun konnten bereits Kompaniechefs, also Offiziere im Hauptmanns- oder auch Leutnantsrang, im Zweifelsfall nach eigenem Ermessen Entscheidungen treffen, ohne eine Abstrafung durch vorgesetzte Kommandos wegen Ungehorsams befürchten zu müssen.

Fast noch wichtiger nimmt sich die Mobilisierung großer Truppenmassen durch den modernen Eisenbahnverkehr aus: Der Generalstabschef Helmuth von Moltke nutzte konsequent die Mittel des maschinenbetriebenen Fernverkehrs, um seine komplizierten, auf exakte Einhaltung des Zeitrahmens angewiesenen Aufmarschpläne verwirklichen zu können. Clark meint aber dazu, dass Moltkes aufwändige logistische Planung Preußen um ein Haar ins Verderben gestürzt hätte, da die Nachschubzüge erst eintrafen, als die Schlacht von Königgrätz schon gewonnen war.
Insofern hatte die Eisenbahn (noch) keine wirkliche Bedeutung für die Schlacht, zumal die sächsischen Lokomotivführer einen Einsatz von sächsischen Lokomotiven verhinderten, indem sie massenweise Lokomotiven nach Eger verbrachten, um sie den Preußen zu entziehen.

Ebenso bahnbrechend wirkte die Überholung traditioneller militärischer Kommunikation. Der Meldereiter der vorindustriellen Epoche wurde mehr und mehr durch Telegrafie ersetzt. Diese Faktoren fanden in der politisch bedeutungsvollen Schlacht von Königgrätz ihre erstmalige Anwendung und Bestätigung in Europa.
All diese Entwicklungen hatten sich schon im Sezessionskrieg (1861–1865) abgezeichnet. Im Vorfeld des preußisch-österreichischen Krieges hatte Preußen Militärbeobachter auf Seiten der Nordstaaten in den Sezessi-

onskrieg geschickt, die dort den Einsatz von Eisenbahn, Telegraph und moderner Kriegstechnik beobachteten. Das preußische Zündnadelgewehr konnte im Vergleich zu den bis dahin gebräuchlichen Vorderladern nicht nur wesentlich schneller, sondern auch im Liegen, also in Deckung, nachgeladen werden. Der damalige Sekondelieutenant des 3. Garde-Regiments zu Fuß Paul von Hindenburg bezeichnete in seinem Augenzeugenbericht die Wirkung der Zündnadelgewehre als „fürchterlich“.

Auf Seite der Preußen hatte der Chef des Generalstabs, General von Moltke, ein weiträumiges Zangenmanöver ausgearbeitet. Moltkes Schlachtplan basierte auf einem in seiner Ausführung durchaus problematischen Prinzip: „Getrennt marschieren – vereint schlagen“, das heißt einem Aufmarsch entgegen der traditionellen strategischen Lehre auf den „äußeren Linien“ und nicht den inneren Linien mit ihrem Vorteil kürzerer Wege und leichterer gegenseitiger Verstärkung.

So setzte das preußische Oberkommando Ende Juni 1866 drei Armeen in Marsch:

-die 1. Armee unter Prinz Friedrich Karl Nikolaus von Preußen sammelte sich in der Lausitz
-die 2. Armee unter dessen Vetter, dem Kronprinzen Friedrich-Wilhelm hatte im Osten aus Schlesien vorzugehen
-die 3. Armee, die sogenannte Elbarmee unter General Herwarth von Bittenfeld wandte sich gegen die Sachsen und rückte von Dresden über die böhmische Grenze nach Rumburg vor

Die groß angelegte Umfassungsbewegung sollte dabei die gesamte österreichische Streitmacht im nördlichen Böhmen zu umfassen suchen. Die Elbarmee (mit 46.000 Mann) hatte Sachsen zu besetzen und die Österreicher von Westen her anzugreifen, vom Norden sollte die 1. Armee (mit 93.000 Mann) über Reichenbach südwärts drängend die gegnerische Hauptmacht auf sich ziehen, während die 2. Armee (mit 115.000 Mann) des Kronprinzen vom Osten über Glatz und das Eulengebirge vorzugehen hatte.
Die preußische 2. Armee rückte in drei Heersäulen, teils aus der einst von Friedrich dem Großen heldenhaft verteidigten Grafschaft Glatz, über Braunau, sowie auf der Landeshuter Straße nach Liebau vor.
Am 27. Juni wurde das preußische I. Korps bei Trautenau durch das österreichische X. Korps unter FML Gablenz geschlagen und musste auf Goldenöls zurückgehen, darauf übernahm das über Eypel anrückende preußische Gardekorps die Vorhut und schlug Teile des österreichischen IV. Korps bei Soor und Burkersdorf.
Am 27. Juni hatte der linke Flügel der Armee des Kronprinzen, das V. Korps des Generals Steinmetz das österreichische VI. Korps unter FML Ramming bei Nachod, am 28. Juni das zur Hilfe eilende österreichische VIII. Korps unter Erzherzog Leopold bei Skalitz, sowie am 29. Juni Teile des gegnerischen IV. Korps bei Jaromierz und Schweinschädel zurückgeworfen.

Am 28. Juni hatte die preußische 1. Armee den Gegner bei Turnau und Podol zurückgeschlagen und konnte die Vereinigung mit der Elbarmee an der Iser herstellen. Die Elbarmee hatte gleichzeitig die Sachsen und das österreichische I. Korps (FML Clam-Gallas) bei Münchengrätz geschlagen. Am 29. Juni gelang der preußischen 1. Armee ein weiterer Erfolg gegen das sächsische Korps unter Prinz Albert bei Gitschin. Im Raum Königinhof war schließlich die Verbindung des Kronprinzen mit der Armee des Prinzen Friedrich Karl am 30. Juni mit etwa 220.000 Mann hergestellt, davon konnten aber 60.000 Mann nicht mehr rechtzeitig an der am 3. Juli folgenden Schlacht von Königgrätz eingreifen.

Der österreichische Feldzeugmeister Ludwig von Benedek war durch seine militärischen Erfolge in den Feldzügen in Italien (1848 und 1859) als geschickter Stratege bekannt geworden und wurde nach Ausbruch des Krieges zum Oberbefehlshaber der österreichischen Nordarmee berufen. Da er für den neuen böhmischen Kriegsschauplatz über keinerlei militärische Erfahrung verfügte, versuchte er vorerst vergeblich das Amt abzulehnen, fügte sich aber doch der Entscheidung Kaiser Franz Josephs.

Die österreichischen Vorhuten hatten bereits in mehreren Gefechten böse Erfahrungen mit dem preußischen Zündnadelgewehr gemacht, daher entschied sich Benedek dafür, seine Hauptmacht auf einer Reihe kleiner Hügel zwischen der Bistritz und der Elbe in starker Verteidigungsstellung zu postieren, die dahinter liegende Festung Königgrätz konnte gegebenenfalls den Rückzug decken. Er hoffte darauf, dass die in dieser Stellung liegende Infanterie, durch eine starke Artillerie unterstützt, den preußischen Vormarsch aufhalten könnte.

Die Österreicher verfügten über sieben Korps, drei davon hatten jedoch bereits durch die Vorkämpfe stark gelitten, sodass auf den Höhenstellungen etwa 190.000 Mann versammelt waren. Am linken Flügel wurde einem achten Korps – etwa 22.000 Sachsen unter Kronprinz Albert – die Höhen bei Problus zugewiesen. Die sächsische 2. Division unter Generalleutnant Thuisko von Stieglitz stand hinter Problus, die Leib-Brigade rechts, die 1. Brigade links. Die sächsische 1. Division unter Generalleutnant von Schimpf, war zwischen Lubno, Popowitz und Tresowitz versammelt und hatte ihre Reserven zwischen Problus und Stresetitz konzentriert. Die sächsische 3. Brigade war in Problus, die 11. und 12. Brigade in Nieder-Prim aufgestellt. Das als Rückhalt dienende österreichische VIII. Korps unter Erzherzog Leopold sicherte links außen die Stellungen im Ober-Prim und davorliegenden Wald vor Umgehungen. Kavallerie der sächsischen 2. Division hielt bei Popowitz Verbindung mit dem österreichischen X. Korps. Im Zentrum vereinigte Benedek mit etwa 44.000 Mann und 134 Kanonen, das durch die Vorkämpfe geschwächte X. Korps unter FML Gablenz und das noch frischere III. Korps unter Erzherzog Ernst, welches die Höhen von Lipa und Chlum besetzt hielt. Als rechter Flügel mit etwa 55.000 Mann folgte das IV. Korps unter FML Festetics südlich Maslowed, bei Cistowes und Nedelist, das II. Korps unter FML Thun hielt die Stellung von Sendrasitz bis zur Elbe. Benedek behielt dahinter ein Drittel seiner Armee, das I. (FML Gondrecourt) und VI. Korps (FML Ramming), mit über 60.000 Männer und 320 Geschützen in Reserve. Mit diesen Verbänden wollte er seinen Gegenangriff führen, sobald der preußische Angriff an seiner vorderen Verteidigungsstellung festgelaufen war.

Am 3. Juli gegen 4 Uhr morgens begann der Anmarsch der preußischen 1. Armee unter Friedrich Karl zur Bistritz. Links erreichte die 7. Division Cerekwitz, in der Mitte rückte die 8. Division unter General Horn als Vorhut auf Klenitz, rechts davon waren die 3. und 4. Division im Vorgehen auf Dohalitz und Mokrowous. Dahinter folgten in zweiter Linie die 5. und 6. Division in Richtung auf Sadowa nach. Die Vorhut der Division Horns wurde am Swiep (Svíb) in einen Artillerieschusswechsel mit der Artillerie des österreichischen X. Korps verwickelt. Als die Preußen versuchten, die Bistritz zu überqueren, beschlossen zwei österreichische Korpskommandanten sich zu profilieren und gegen die rechte Flanke des Gegners vorzugehen. Ohne weiter gegen die zu erwartende preußische 2. Armee Front zu machen, verließen die Truppen der Korpskommandanten Festetics und Thun ihre Stellungen und rückten nach Westen vor, wodurch eine Lücke in der österreichischen Verteidigung in nördlicher Richtung klaffte; genau dort, wo später die preußische 2. Armee entscheidend eingreifen sollte.

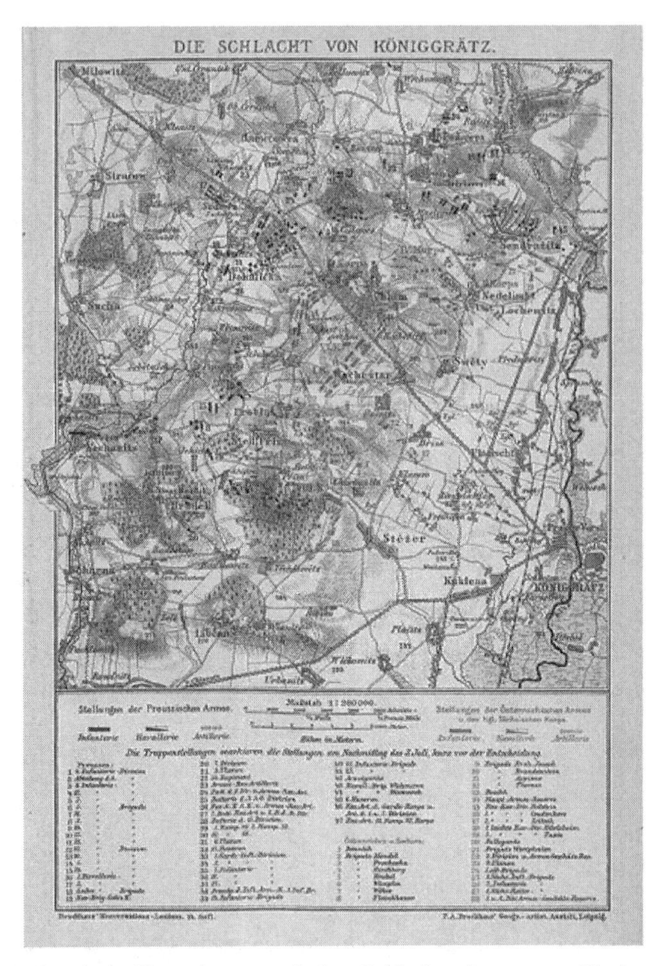

8 Historische Karte der gegnerischen Schlachtordnungen am Nachmittag, kurz vor der Entscheidung der Schlacht von Königgrätz

Am südlichen Ende der Front überquerte die Elbarmee am Morgen die Bistritz und stieß dann nach Osten vor, wobei Teile des österreichischen VIII. Korps zurückgingen. Vor dem aus Nechanitz angesetzten Druck der preußischen 14. und 15. Division ging das gegenüberliegende Sächsische Korps erst am Nachmittag nach Eingreifen der 16. Division langsam zurück.
Am Vormittag hatten die Österreicher lediglich die preußische 1. Armee vor sich – die Einheiten des Kronprinzen befanden sich noch im Anmarsch. Folglich erhöhte sich der Druck auf die zahlenmäßig unterlegenen preußischen Truppen vor Ort. In der Mitte wurden Thun und Festetics in schwere Kämpfe im Swiepwald verwickelt. Die preußische 7. Division unter Generalmajor von Fransecky, darunter insbesondere das 2. Magdeburgische Infanterieregiment Nr. 27, verschanzte sich im Swiepwald und versuchte in einem fürchterlichen Gemetzel, die Offensive zweier österreichischer Korps abzuwehren. An den Flügeln besetzten die Preußen den Wald bei Swiep. Ohne Artillerievorbereitung und Wissen der Heeresleitung versuchten die Österreicher unter Graf Festetics den Wald zurückzuerobern. Dem Grafen Festetics wurde durch eine Granate der rechte Fuß zerschmettert, sodass FML Anton Mollinary die Führung der weiteren Angriffe leitete. Im Swiepwald tobte ein schwerer Kampf, wobei die preußische 7. Division fast aufgerieben wurde, aber gleichzeitig die Österreicher hohe Verluste hinnehmen mussten. Im Holawald rannte sich die preußische 8. Division fest und wurde durch die nachgezogene 4. Division unter General Herwarth von Bittenfeld verstärkt.

Schon wiegten sich die österreichischen Generäle im Gefühl des Sieges, im preußischen Hauptquartier entstand der erste Unmut gegen den unorthodoxen Aufmarschplan des exzentrischen Moltke. Selbst König Wilhelm I. und sein Ministerpräsident Bismarck befürchteten eine Niederlage.
Da tauchte gegen Mittag, auf Höhe des gegenüber liegenden Dorfes Horenowes, das preußische 1. Garderegiment zu Fuß auf. Es bildete die Avantgarde des zur 2. Armee gehörenden preußischen Gardekorps – die Armee des Kronprinzen war da und nahm gemeinsam mit der von Südwesten her angreifenden Elbarmee die im Swiepwald verbissenen österreichischen Truppen in die Zange. Gegen ein Uhr, als Benedek den Befehl zum Einsatz der Reserve geben wollte, erhielt er eine Nachricht vom Norden. Die preußische 1. Garde-Division unter General Hiller von Gärtringen – Vorhut der jetzt eingreifenden 2. Armee – griff bereits Chlum an. Thun musste sofort den Großteil seiner Truppen wieder nach Osten zurückführen. Auch die österreichischen Stellungen im Swiepwald brachen dadurch zusammen. Benedek selbst führte eine Infanteriebrigade in einen wirkungslosen Gegenangriff. Die österreichische Reserve – das VI. Korps konnte im Nahkampf mit der preußischen 1. Garde-Division beinahe das verlorene Chlum zurückerobern, wurde jedoch kurz vor dem Ziel aufgehalten.
Hinter der eintreffenden 2. Garde-Division war bereits das preußische I. und V. Korps im Anmarsch, die 11. und 12. Division des VI. Korps unter General von Mutius stieß bereits außen rechts in die österreichische Flanke. Thun musste den Rückzug seines Korps am westli-

chen Elbeufer anordnen, wodurch die Lage am rechten Flügel der Österreicher noch exponierter wurde.

9 Wilhelm I. trifft während der Schlacht auf den Kronprinzen, Wandgemälde von Emil Hünten für die Berliner Ruhmeshalle

Zur Entlastung der schwer ringenden Infanterie attackierten schließlich noch zwei österreichische Kavallerie-Divisionen im Gefecht bei Stresetitz und bei Rosberitz-Langenhof, hier standen 39,5 österreichische etwa 31 preußischen Schwadronen gegenüber. Der Angriff der Hessen-Kürassiere bei Rosberitz traf auf die preußische Kavallerie-Brigade unter Generalmajor von der Groeben und führte durch das Eingreifen der gegnerischen Infanterie zum vorzeitigen Abbruch. Die schwere 3. Reserve-Kavallerie–Division unter Generalmajor

Graf von Coudenhove zeigte sich mit der Kürassier-Brigade unter Prinz Windischgrätz bei Stresetitz den preußischen Dragonern aber mehr als ebenbürtig.

Als der letzte Gegenangriff Rammings bei Chlum gescheitert war, befahl Benedek den Opfergang seiner letzten Reserven. Da eine Einkesselung der gesamten österreichischen Armee drohte, gab von Benedek gegen vier Uhr die Schlacht auf und befahl den Rückzug auf Königgrätz. Bei der Elbarmee konnte derweil die 14. Division unter General Münster-Meinhövel die Sachsen mit seiner 27. Infanterie-Brigade unter General von Schwartzkoppen aus dem Dorf Problus hinausdrängen. Die Verteidiger von Problus waren unter den letzten Bataillonen, die das Schlachtfeld verließen und bildeten die Nachhut der Österreicher. Das I. Korps unter musste mit drei Brigaden die Preußen daran hindern, der österreichischen Hauptmacht den Rückzug abzuschneiden. Bevor sich dieses Korps notdürftig vom Gegner lösen konnte, hatte es allein Verluste von 279 Offizieren und 10.000 Mann erlitten, davon waren 2.800 Mann in Gefangenschaft geraten.

10 Schlacht bei Königgrätz, Christian Sell, ca. 1867

Die zurückflutenden Österreicher wurden durch die preußische Kavallerie verfolgt, die dann aber durch die Artillerie auf ausreichende Distanz gehalten wurde. Unter dem Schutz der Kanonen der Festung Königgrätz erfolgte der Rückzug der geschlagenen Österreicher zur Elbe. Der Festungskommandant Generalmajor Weigl schloss in Verkennung der Lage abends die Stadttore und erzeugte durch das Öffnen von Schleusen ein kleines Sumpfgebiet, das den zurückdrängenden Österreichern weitere unnötige Verluste abverlangte.
Die Gesamtverluste der Preußen in der Schlacht betrugen 359 Offiziere, 8.794 Mann und 909 Pferde, davon 1.929 Gefallene, 6.948 Verwundete und 276 Vermisste.
Die Österreicher verloren 1.313 Offiziere, 41499 Mann und 6.010 Reiter, davon 5.658 Gefallene, 7.574 Verwundete, 7.410 Vermisste und 22.170 Gefangene.

Das sächsische Korps verlor 55 Offiziere und 1.446 Mann, davon 135 Tote, 940 Verwundete und 426 Vermisste.

Die neuere Forschung hat die Bedeutung des Zündnadelgewehres deutlich reduziert, aber ich glaube weiterhin das sie sehr wohl kriegsentscheidend waren, zumal man mit ihnen im liegen schließen konnte und sie auch im liegen laden konnte. Solche Waffen hatten die Österreicher damals nicht. Und wer hört schon auf sogenannte „Forscher“, die immer so tun als wüssten sie hinterher alles besser?
Nicht nur die höhere Kadenz des Hinterladers war zum Beispiel in der Schlacht von Königgrätz u. a. ausschlaggebend, sondern auch die Tatsache, dass der Schütze die Waffe liegend nachladen konnte. Der preußische Schütze war somit dem feindlichem Feuer weniger ausgesetzt gewesen als der mit einem Vorderlader ausgerüstete österreichische Schütze, der zum Nachladen stehen oder knien musste und beim Nachladevorgang meist ungedeckt war. Gegen einen anstürmenden Feind schossen die preußischen Soldaten allerdings meist stehend.
Vor allem Peter Aumüller, Mitglied des 1966 gegründeten „Collegium Nürnberg Mundartdichter“, hat in jüngster Zeit noch einmal die einzelnen Faktoren zusammengestellt, die seiner Ansicht nach zur Niederlage Österreichs bei Königgrätz beitrugen:

1.Die österreichische Friedenspolitik im Vorfeld der Schlacht mit massiver Abrüstung der Artillerie und der Kavallerie, denn Österreich rüstete unter dem Finanzminister Ignaz von Plener sichtbar ab. Der Budgetanteil

der zivilen Ressorts stieg, dem Militär hingegen wurden permanent Kräfte und Mittel gestrichen. 93 Kavallerie-Eskadronen wurden aufgelöst, ebenso 51 Batterien der Artillerie.
2.Überlastung der Stäbe durch Wegfallen der Zwischeninstanzen infolge der Sparpolitik.
3.Kein Ergänzen der Depotvorräte.
4.Jahrelanges Außerdienststellen von erfahrenen Offizieren.
5.Verschiebung der Einführung des Zündnadelgewehres aus vorgeblich budgetären Gründen.
6.Der seit 1. Juli im Gange befindliche Austausch der operativen Berater Benedeks, der Feldmarschalleutnante Alfred von Henikstein und Gideon von Krismanic.
7.Nutzlose Gefechte entgegen gegebener Befehle durch die Unterführer, vor allem im Swiep-Wald.

Leider habe ich von Herrn Aumüller weder Bücher bei amazon noch einen „Peter Aumüller-Artikel" bei Wikipedia gefunden, aber egal. Das hier soll ja kein Buch über ihn werden, sondern über Wilhelm I. Und zum Leben des Kaisers gehört auch dieser Wendepunkt der Weltgeschichte bei Königgrätz.

Am 23. August wurde dann der der endgültige Frieden mit Österreich in Prag abgeschlossen. Die besiegte Donaumonarchie überließ die Vorherrschaft in Deutschland Preußen. Der Deutsche Bund wurde aufgelöst, und das Habsburgerreich schied damit völlig aus dem deutschen Staatsverband aus. Die drei Herrscher, der König von Hannover, der Kurfürsten von Hessen-Kassel und der Herzog von

Nassau wurden von ihren Thronen verjagt und ihre Länder dem preußischen Staat einverleibt. Durch den Vertrag vom 18. August 1866 entsteht der Norddeutsche Bund.
Der österreichische Kaiser Franz Joseph soll, nachdem ihm die Nachricht vom Ausgang der Schlacht überbracht worden war, ganz unkaiserlich über seinen Feldherrn geschimpft haben: „Benedek, der Trottel!". Benedek wurde seines Amtes enthoben, durch Erzherzog Albrecht ersetzt und vor ein Kriegsgericht gestellt. Das Verfahren wurde jedoch auf kaiserlichen Druck eingestellt und Benedek befohlen, bis an sein Lebensende über die Schlacht zu schweigen, woran er sich auch hielt. Sie erinnern sich vielleicht liebe Leser, dass ich vor ein paar Seiten bereits erwähnte, dass Benedek vorher versucht hatte den ihm gegebenen Auftrag abzulehnen, weil er sich für ungeeignet hielt. Tja, er hatte Recht und sein Kaiser hätte eben auf ihn hören sollen. Wenn einer sagt „Ich kann das nicht.", dann kann er es wahrscheinlich auch nicht.

Der Sieg von Königgräz hatte noch zwei weitere Folgen:

Zum einen den „Königgräzer Marsch", der von dem preußischen Militärmusiker Gottfried Piefke nach dem Sieg der preußischen Truppen über die Österreicher in der Schlacht bei Königgrätz am 3. Juli 1866 komponiert wurde.

Die erste Niederschrift des Marsches soll Piefke noch auf dem Schlachtfeld selbst angefertigt haben. Der Sechs-Achtel-Marsch beschreibt in zwei Motiven zunächst das unentschiedene Gefecht zwischen dem ersten preußischen Kontingent und den Österreichern, das zweite Motiv steht für das entscheidende Eintreffen preußischer Verstärkung. Als Trio für den Königgrätzer Marsch verwendete Piefke den Hohenfriedberger Marsch, wohl um an die Siege Friedrichs II. über die Österreicher zu erinnern. Ergänzend dazu schuf Piefke den „Königgrätzer mit anderem Trio" (Heeresmarsch IIIB, 67); diese zweite Fassung ist heute kaum noch bekannt.

Der Königgrätzer Marsch war der Regimentsmarsch des Oldenburgischen Infanterie-Regiments Nr.91.
Der Königgrätzer Marsch gehört heute zu den bedeutendsten und bekanntesten deutschen Militärmärschen und wird häufig bei offiziellen Anlässen gespielt, in Österreich hingegen ist er aus naheliegenden Gründen sehr selten zu hören. Und nun wissen Sie wahrscheinlich auch, liebe Leser, warum man uns in Österreich manchmal „Piefke" schimpft.
Die zweite Folge war weitaus weniger angenehm und auch nicht ganz so musikalisch, obwohl sie dazu führte das im Schloss Versailles „Heil dir im Siegerkranz" gesungen wurde; es war der „Deutsch-Französische-Krieg".

Denn in Frankreich kam es nach der Schlacht zu vielen Rufen, die immer wieder „Rache für Sadowa!" forderten. Diese Forderung der französischen Öffentlichkeit

ab 1866 (nachdem im Deutschen Bruderkrieg beim böhmischen Dorf Sadowa Teile der Schlacht von Königgrätz ausgetragen worden waren, wobei Preußen die Armee der Österreicher vernichtend schlug) ist schon deshalb ziemlich hirnlos, weil Frankreich an der Schlacht gar nicht teil genommen hatte. Frankreich konnte nämlich nicht in den Krieg eingreifen, da Preußen schnell Frieden schloss, statt die günstige Situation für Eroberungen auszunutzen; auch das ein Ergebnis der klugen Politik Bismarcks und der Klugheit Kaiser Wilhelms I auf seinen Kanzler zu hören.
Die Tatsache, dass sich nach Sadowa anstelle der gewohnten deutschen Zersplitterung mit dem Norddeutschen Bund ein mächtiger, geeinter Nachbar unter preußischer Vormachtstellung bildete, wurde von den Franzosen als ein preußischer Sieg über Frankreich angesehen, der zwar auf dem Rücken der Österreicher ausgetragen wurde, aber für die Grande Nation eine „blutige Demütigung und beispiellose Erniedrigung in unserer Geschichte“ sei.
Also eine blutige Demütigung für Frankreich bei der kein einziger Franzose zu Schaden kam; dazu fehlen einem logisch denkenden Menschen die Worte, denn diese unsinnige Denkweise ist bar jeder Vernunft.
Die unverhohlenen Forderungen nach einem Krieg und der Eroberung der linksrheinischen Gebiete, wie schon zur Rheinkrise 1840, schlugen ein weiteres Kapitel in der deutsch-französischen Erbfeindschaft, die heute Gott sei Dank vorbei ist, auf. Ziel war es, den neuen Nachbarn im Keim zu ersticken. Es folgte 1870 die französische Kriegserklärung zum Deutsch-Französischen Krieg von 1870/71.

Auslöser für den Krieg war aber auch der Streit zwischen Frankreich und Preußen um die Frage der spanischen Thronkandidatur eines Hohenzollernprinzen. Der preußische Ministerpräsident Otto von Bismarck ließ die Emser Depesche, mit der er darüber informiert worden war, dass König Wilhelm I. die französische Forderungen abgelehnt hatte, veröffentlichen. Dies erregte auf beiden Seiten Empörung und veranlasste den französischen Kaiser Napoléon III. am 19. Juli 1870 zur schon lange geplanten Kriegserklärung an Preußen.
Entgegen Napoléons Erwartung traten die vier süddeutschen Staaten in Erfüllung ihrer so genannten Schutz- und Trutzbündnisse mit dem Norddeutschen Bund auf dessen Seite in den Krieg ein. Währenddessen blieb das übrige Europa neutral, da es Frankreichs Angriff zu Recht als unbegründet ansah.
Innerhalb weniger Wochen des Spätsommers 1870 wurden die französischen Armeen besiegt und Napoléon III. bei der Schlacht von Sedan gefangen genommen. Besagte Schlacht lief folgendermaßen ab:

In den ersten Wochen des Deutsch-Französischen Krieges war es den drei deutschen Armeen gelungen, die französischen Truppen in den Schlachten bei Weißenburg (am 4. August 1870), bei Wörth (am 6. August) und bei Spichern (ebenfalls am 6. August) einzeln zu schlagen und dabei weit nach Frankreich einzudringen.
Der Dritten Armee des Kronprinzen war es hierbei gelungen, das verstärkte I. Korps unter Marschall MacMahon aus dem Elsass zu vertreiben und zum weiten Rückzug von Wörth über Nancy nach Châlons-en-Champagne zu zwingen. Ab Mitte August standen der

Kampf gegen die Hauptgruppe der Rheinarmee und die Einschließung von Metz im Blickpunkt, die mit den Schlachten von Mars-la-Tour (am 16. August) und von Gravelotte (am 18. August) gelang. Ohne die unmittelbare Bedrohung durch diese über 180.000 Mann starke Armee konnte sich die deutsche Kriegsleitung unter Moltke dem Älteren dann auf den Kampf mit der Châlons-Armee konzentrieren. Diese bestand aus dem Rest des I. Korps, dem V. Korps, Teilen des VII. Korps und den im Lager von Châlons zusammengezogenen Einheiten (XII. Korps).

Die Châlons-Armee bestand zu einem großen Teil aus Reservetruppen, Freiwilligen und weiteren sehr hastig zusammengezogenen Verbänden. Die Veteranen des I. Korps selbst hatten in den Kämpfen Anfang August hohe Verluste erlitten und einen großen Teil ihres Materials verloren. Sie waren durch den langen Rückzug erschöpft und demotiviert.

Die Mobilgarden waren selbst in der französischen Armee für ihre mangelnde Disziplin berüchtigt. Die für die Landungsoperation an der deutschen Küste vorgesehenen Marinetruppen wurden ab Mitte August von Cherbourg nach Châlons-en-Champagne verlegt, um sich hier mit den restlichen Einheiten zu vereinen. In Châlons entstand so eine Armee mit insgesamt 130.000 Soldaten und 420 Kanonen zur Verfügung, wobei die personelle und materielle Ausstattung nicht über die mangelnde Erfahrung und damit Kampfstärke hinwegtäuschen konnte. Es herrschte erheblicher Mangel an Offizieren und Unteroffizieren.

Ziel der Châlons-Armee war ursprünglich die Verstärkung von Paris. Mac-Mahon war sich darüber im Klaren, dass Paris nur dann erfolgreich verteidigt werden könne, wenn ausreichend kampfstarke Truppen zur Verfügung stünden. Statt eines Rückzugs erging an ihn jedoch der Befehl durch die Kaiserin und Eugène Rouher, dass er die Belagerung von Metz zu entsetzen habe. Am 21. August kam Mac-Mahon in Reims an und begann den Marsch in Richtung Sedan. Zu diesem Zeitpunkt lagen jedoch weder in Paris noch bei der Châlons-Armee genaue Informationen über die Lage vor Metz noch über die Position der dritten Armee vor. Aus Metz lag lediglich ein Gerücht vor, dass Bazaine einen Ausbruch in Richtung Sedan plane und die deutsche Armee wurde im Marsch auf Châlons vermutet.

Der ursprüngliche Plan des „großen Schweigers“ von Moltke hatte vorgesehen, die französische Rheinarmee in einer Art von Kesselschlacht im Raum Metz oder im Elsass zu besiegen. Entsprechend waren die deutschen Armeen so aufgestellt worden, dass eine der beiden großen Armeen den Gegner frontal bindet, während die andere ihm in die Flanke fallen sollte.
Die kleinere erste Armee sollte dabei die Einschließung vervollständigen. Wer sich für Kesselschlachten interessiert, dem empfehle ich das Buch „Kesselschlachten um Russland“, geschrieben von mir und ebenfalls im Verlag Preußischer Anzeiger veröffentlicht.
Jedenfalls waren zwei der drei deutschen Armeen zu diesem Zeitpunkt durch die Belagerung von Metz gebunden. Die deutsche dritte Armee bestand aus Verbänden aus Preußen und den verbündeten süddeutschen Staaten, darunter den beiden bayerischen Korps. Diese

Armee war zu diesem Zeitpunkt mit etwa 180.000 Mann der größte Verband in Frankreich.
In der zweiten Augusthälfte 1870 erfolgte eine grundlegende Umorganisation der deutschen Armeen vor Metz. Der Befehlshaber der Ersten Armee, General von Steinmetz, wurde als Generalgouverneur nach Posen versetzt. Aus seiner Armee und Teilen der zweiten Armee des Prinzen Friedrich Karl wurden zwei neue Armeen gebildet. Die neue Erste Armee stand unter dem Kommando des bisherigen Kommandeurs des I. Korps General Edwin von Manteuffel, der die östliche Seite der Belagerung von Metz sicherte. Als neue Maasarmee wurde ein Verband, bestehend aus dem Gardekorps, den IV. und XII. (Königlich Sächsisches) Korps und den 5. und 6. Kavalleriedivision mit zusammen 70.028 Mann, 16.247 Pferden und 288 Geschützen, unter dem Kommando von Prinz Albert von Sachsen aus der Belagerungsarmee vor Metz herausgelöst.

Etwa ab dem 20. August 1870 begannen parallel zum militärischen Geschehen umfangreiche diplomatische Aktivitäten zur Beendigung des Krieges. In Österreich, England und selbst in Russland wurden Stimmen laut, die einen baldigen Friedensschluss forderten und Bedenken gegen eine Veränderung des Kräftegleichgewichts in Mitteleuropa äußerten. Der deutschen Politik drohten daher trotz militärischer Erfolge einige politische Probleme und es begann langsam aber sicher die Gefahr am Horizont aufzuziehen das Frankreich Hilfe erhalten konnte.
Gleichzeitig kam ein Gerücht auf, dass die Franzosen doch noch eine Landung an einer der deutschen Küsten

planten oder sogar bis zu den Häfen von Hamburg oder Bremen vordringen würden. Immerhin waren die als Elite bezeichneten Marinesoldaten bis jetzt nicht eingesetzt worden, und die französische Marine war der deutschen zahlenmäßig zehn zu eins überlegen. Eine auch nur kurz andauernde Blockade der deutschen Häfen hätte für die bereits damals stark exportabhängige deutsche Wirtschaft schwerwiegende Folgen gehabt. Derartige Folgen bekam Deutschland im ersten Weltkrieg zu spüren als die britische Flotte unsere See blockierten, sodass wir wirtschaftlich vom Rest der Welt abgeschnitten waren und Hunderttausende Deutsche verhungerten! Das wird seltsamerweise nicht als Kriegsverbrechen gewertet, aber wenn wir uns dann mit U-Booten gegen die Blockade wehren, das gilt dann natürlich als böse.

Wie sagte schon Walter Lippmann:

„Erst wenn die Kriegspropaganda der Sieger in die Geschichtsbücher der Besiegten Einzug gehalten hat und von den nachfolgenden Generationen geglaubt wird, kann die Umerziehung als wirklich gelungen angesehen werden.“

Lippmann prägte für Journalisten den Ausdruck „gatekeeper“. Die Gatekeeper würden entscheiden: Was wird der Öffentlichkeit vorenthalten, was wird weiterbefördert? „Jede Zeitung ist, wenn sie den Leser erreicht, das Ergebnis einer ganzen Serie von Selektionen …“ Indem die Auswahlregeln der gleichgeschalteten Journalisten weitgehend übereinstimmen, kommt so eine Konsonanz der Berichterstattung zustande, die auf das Publikum wie eine Bestätigung wirkt (alle sagen es, also muss es stimmen) und jene oben beschriebene Stereotypen-gestützte Pseudoumwelt in den Köpfen des Publikums installiert. Ich erwähne das deshalb, weil das Deutsche Kaiserreich sich (im Gegensatz zu den Alliierten nach den beiden Weltkriegen) nach seinem Sieg über Frankreich nicht so verlogen verhalten hat wie ebendiese Sieger mit ihrer Siegerjustiz!

Nein. Kaiser Wilhelm I und seine Politiker hätten sich große Teile Frankreichs einverleiben können, taten dies aber nicht, sondern begnügten sich mit dem damals mehrheitlich von Deutschen bewohnten Elsaß-Lothringen, das Frankreich sich wiederum ein paar Jahrhunderte zuvor wiederrechtlich einverleibt hatte.
Doch zurück zum Kriegsgeschehen:

Die französische Flotte operierte zu diesem Zeitpunkt zwar in der Nordsee und im Skagerrak, hatte jedoch erhebliche Versorgungsprobleme insbesondere mit Kohle und sah keine Möglichkeit, offensiv tätig zu werden. Kleinere Ziele an der Küste hätten keinen Angriff gerechtfertigt, Wilhelmshaven war zwar noch im Bau, aber bereits gut befestigt und mit schwerer Artillerie geschützt, und für Angriffe auf die Binnenhäfen fehlten detaillierte Karten oder Lotsen. All diese Punkte führten dazu, dass zwar zwei französische Flottenverbände im August in der Deutschen Bucht operierten, aber nicht tätig werden konnten.

Neben dem militärischen Ziel der Aufhebung der Belagerung von Metz gab es auch politische Gründe für den

Marsch in Richtung Reims. Der Einmarsch einer im Feld geschlagenen Armee in Paris, die dazu noch einen langen Rückzug hinter sich hatte, hätte die schwierige innenpolitische Lage weiter destabilisiert. Gerade auch weil die Châlons-Armee aus so vielen Reservetruppen bestand, auf die der Kaiser sich nicht verlassen wollte bzw. konnte, sollten diese Truppen nicht nach Paris zurückgeführt werden. Für den Schutz von Paris wurde somit nur das XIII. Korps abgezogen und bildete den Kern der bald darauf auf ca. 100.000 Mann angewachsenen Besatzung von Paris.

Die Änderung der Marschrichtung nach Norden stellte für die französische Armee ein großes logistisches Problem dar. Auf dem Weg von Reims über Mézières nach Sedan standen nur wenige und dazu schlechte Straßen und eine einzige bald völlig überlastete Bahnlinie zur Verfügung. Die notwendige Versorgung der Armee mit Lebensmitteln, Ausrüstung und Munition erwies sich als schwierig bis unmöglich.

Am 19. August erhielt die Dritte Armee den Befehl, vorläufig an der Maas Halt zu machen, um die Einheiten der Maasarmee aufschließen zu lassen. Die Maas wurde dann am 20. August erreicht. Der Zusammenschluss konnte schließlich am 22. August vollendet werden. Da man Kenntnis davon erhalten hatte, dass sich bei Châlons starke französische Kräfte sammelten, erging der Befehl an die dritte Armee, nach Châlons vorzurücken; die Maasarmee sollte gleichzeitig weiter nördlich in Richtung Paris vorgehen. Am 24.August stand die dritte Armee bereits an der Marne.

Auf dem Weg der Maasarmee befanden sich die Befestigungsanlagen von Verdun, das am 23. August erreicht wurde. Nachdem ein Angriff am 24.August ohne Erfolg geblieben war, musste die Stadt umgangen werden. Gleichzeitig wurde mit der Belagerung begonnen. Diese konnte erst am 8. November erfolgreich beendet werden, als die bei Metz freigewordenen Belagerungsgeschütze zur Verfügung standen. Während der Belagerung war Verdun ein wichtiger Ausgangspunkt für Aktionen im Rücken der deutschen Front. Ein anderes Hindernis war die Festung von Toul. Auch diese Festung musste belagert werden, da ein direkter Sturmangriff erfolglos geblieben war.

Erst in der letzten Augustwoche stieß Prinz Albert daher weiter über Sainte-Menehould und Vitry-le-François vor.

Während dieses Vormarsches traten zwar bei den deutschen Verbänden die ersten Versorgungsengpässe an Nahrungsmitteln auf, es gelang aber, eine Mindestversorgung durch Requirierungen und Ankäufe von Lebensmitteln in den Ortschaften entlang des Marsches sicherzustellen. Gleichzeitig kamen die deutschen Reserveverbände bei den Armeen an.
Bis zum 24. August 1870 hatte das deutsche Heer insgesamt Verstärkungen von 150.000 Mann erhalten, Einheiten mit insgesamt 300.000 weiteren Soldaten wurden gerade aufgestellt. Damit waren nicht nur die Verluste der ersten Wochen ausgeglichen, es konnten auch Einheiten für diverse kleinere Belagerungen und für den Schutz der Nachschubwege abgestellt werden. Neben der rein zahlenmäßigen Verstärkung zum Ausgleich erlittener Ausfälle kam auch noch das VI. Korps unter Ge-

neral von Tümpling zur dritten Armee. Dieses Korps war bis zum 6. August als Reserve für einen möglichen Konflikt mit Österreich in Schlesien geblieben.
Während des Vormarsches der deutschen Truppen traten im Gebiet entlang der Maas erstmals Franc-tireurs in größerem Maße in Erscheinung. Gleichzeitig aber erklärten sich auch Ortschaften als offene Städte bzw. Dörfer. So öffnete sich die Stadt Bar-le-Duc den ersten preußischen Reitern, da man keine Möglichkeit der Verteidigung sah. Der deutsche Kronprinz und spätere Kaiser Friedrich III nahm daraufhin in Bar-le-Duc für einige Tage sein Hauptquartier.
Am 24. August hatte eine preußische Kavallerieaufklärungsmission das inzwischen verlassene Lager von Châlons erreicht. Andere Patrouillen stießen hingegen bis kurz vor Reims vor, verhörten die örtlichen Bürgermeister und beschlagnahmten jede Postsendung, die sie finden konnten, in der Hoffnung, hierbei brauchbare Informationen zu finden.
Da am 25. August noch keine genauen Informationen über die Bewegungen von Mac-Mahon vorlagen, wurde beschlossen, am Tag darauf weiter in Richtung Reims vorzurücken. Der direkte Weg für Mac-Mahon nach Metz war verlegt, und ein Ausweichen in Richtung belgische Grenze wurde als wenig wahrscheinlich angesehen. Für den 27. August wurde ein weiterer Ruhetag geplant. Wären diese Pläne umgesetzt worden, dann hätte Mac-Mahon gute Chancen gehabt, an den deutschen Truppen vorbei nach Metz vorzustoßen, aber es kam bekanntlich anders.

Im Laufe des 25. August trafen Informationen über die tatsächlichen Bewegungen von Mac-Mahon ein. Um dessen Armee noch abzufangen, war ein Rechtsschwenk der deutschen Einheiten erforderlich. Das Problem war jedoch, dass man für einen Vormarsch Richtung Westen ausgerichtet war und nicht Richtung Norden.
Im Hauptquartier in Bar-le-Duc wurde die Entscheidung getroffen. Um 23 Uhr erging der Befehl mit den geänderten Marschrichtungen. Wenn man den Rechtsschwenk erfolgreich umsetzen könnte, dann waren die Chancen sehr gut, die Armee von Mac-Mahon gegen die belgische Grenze zu drücken und dort auszuschalten. Gleichzeitig bedeutete der Rechtsschwenk aber auch ein großes Risiko. Die beiden deutschen Armeen gingen jetzt nebeneinander auf einer Breite von fast 50 km vor und würden sich kaum gegenseitige Unterstützung geben können. Auch gab es neben der eigenen Aufklärung noch Berichte in diversen Zeitungen, welche die Franzosen auf dem Rückzug nach Paris meldeten. Der Vormarsch hätte sich somit auch als Fehler herausstellen können und den Franzosen auf dem Marsch nach Paris einen Vorsprung von einer Woche eingebracht, aber das tat er nicht. Die preußisch-deutsche Armee eilte in diesem Krieg von Sieg zu Sieg. Wilhelm I sagte über seine Soldaten:

„In meiner Armee soll jedem Soldaten eine gesetzliche, gerechte und würdige Behandlung zu teil werden, weil eine solche die wesentliche Grundlage bildet, um in derselben Dienstfreudigkeit und Hingebung an Beruf, Liebe und Vertrauen zu den Vorgesetzten zu wecken und zu fördern.“

Am 26. August wurde mit der Umsetzung einiger zuvor geänderten Marschpläne begonnen. Der Vormarsch wurde dann aber durch schlechtes Wetter und unwegsames Gelände behindert. Bei Vouziers und Grandpré kam es zum Kontakt mit französischen Einheiten, ohne dass sich daraus größere Kämpfe entwickelten.
Aus dem Belagerungsring um Metz wurden vorsorglich das III. und II. Korps herausgenommen, um notfalls die Maasarmee zu unterstützen. Nachdem klar geworden war, dass man die beiden Korps nicht brauchen würde, kehrten sie nach Metz zurück.

Für den 27. August wurden der Vormarsch auf Damvillers sowie die Sicherung der Maasübergänge bei Dun und Stenay angeordnet; der Vormarsch erfolgte dabei weitgehend ohne Feindberührung. Die französische Kavallerie hing zu diesem Zeitpunkt hinter der eigenen Armee zurück, normalerweise wäre es ihre Aufgabe gewesen, die rechte Flanke der Armee zu sichern. Aus dieser Sicherung hätten sich dann viele Kontakte zwischen der Kavallerie ergeben, ein deutliches Zeichen dafür, dass Mac-Mahon wie vermutet vorrücken würde. Lediglich bei Buzancy kam es zu einem kleinen Gefecht zwischen Kavallerieeinheiten. Im Laufe des Tages wurde deutlich, dass die französischen Einheiten die Maas noch nicht überschritten hatten. Daraufhin wurde für den nächsten Tag der Vormarsch auf Vouziers und Beaumont angeordnet. Da die Einheiten der Dritten Armee aber noch nicht ihre vorgesehenen Stellungen erreicht hatten, sollte ein Entscheidungskampf am 28. August noch vermieden werden.

Auf französischer Seite hatte man kaum Informationen über die deutschen Einheiten. Nachdem klar geworden war, dass ein Durchbruch von Marschall Bazaines durch die Belagerungslinien bei Metz nicht mehr zu erwarten war, sollte ein Rückzug in Richtung Mézières erfolgen. Dieser Rückzug wurde jedoch auf Druck aus Paris gestoppt. Für den 28. wurde ein Vorrücken auf Montmédy geplant. Durch die Vorstöße deutscher Kavallerie waren die Telegrafenlinien nach Paris oft gestört, so dass die Übermittlung von Nachrichten immer schwieriger wurde.

Auf deutscher Seite wurden die letzten Zweifel über die strategische Situation beseitigt, nachdem am 28. August ein französischer Offizier mit den kompletten Marschplänen und der Aufstellung (Ordre de Bataille) gefangengenommen worden war. Manchmal ist der Sieg eben auch eine Frage des Kriegsglücks.

Der 29. August war geprägt vom gegenseitigen Abtasten. Da auf beiden Seiten noch nicht alle Einheiten am Kampf teilnehmen konnten, wurde die Entscheidung auf den nächsten Tag verschoben. Bei Rouart kam es zu einem Gefecht zwischen dem französischen V. Korps (Failly) und dem sächsischen XII. Korps. Da es an diesem Tag nur darum ging, die Stärke des Gegners festzustellen, zogen sich die Franzosen am Nachmittag in südlicher Richtung zurück. Die 5. Kavalleriedivision, inzwischen der Dritten Armee zugeordnet, rückte in Richtung Attigny vor und zerstörte zwischen Rethel und Mézières die Eisenbahnlinie.

Gegen Ende des Monats August war man sich im deutschen Hauptquartier darüber im klaren, dass man Mac-

Mahon ausmanövriert hatte und bald erfolgreich schlagen würde. Ob dies durch ein Abdrängen nach Belgien, eine Schlacht mit Rückzug und Verfolgung oder durch eine Kesselschlacht erfolgen würde, war hierbei nicht ausschlaggebend. Problematisch wäre es nur gewesen, wenn Napoleon III. in der folgenden Schlacht gefangen oder getötet worden wäre. Die innenpolitischen Auswirkungen wurden, wie sich in den folgenden Tagen herausstellte, realistisch beurteilt. Otto von Bismarck brauchte Napoleon III. als Machthaber, um mit ihm einen schnellen Frieden schließen zu können, solange sich die anderen europäischen Mächte weiterhin neutral verhielten. Ein langwieriger Kampf mit einer postrevolutionären Republik könnte den Krieg auf dritte Staaten ausweiten, würde auch unnötige Opfer kosten und im neu entstehenden Deutschland möglicherweise Erwartungen wecken, die einen Friedensschluss wie mit Österreich erheblich erschweren würden.
Am 30. August 1870 waren die beiden deutschen Armeen dabei, die Lücke zwischen sich langsam zu schließen. Sie trafen sich in der Nähe von Beaumont, wo das französische V. Korps nach den Kämpfen vom Vortag und einer durchmarschierten Nacht völlig erschöpft lagerte. Gleichzeitig und völlig überraschend wurden die Franzosen von zwei deutschen Korps (IV. und I. Bay.) aus der Bewegung heraus angegriffen. Ohne die Möglichkeit, sich zur Verteidigung zu organisieren, wurden die Franzosen dabei zurückgetrieben und mussten 5.700 Tote und Verwundete, 1.800 Gefangene und den Verlust des größten Teils ihrer Ausrüstung beklagen.
Die deutschen Verluste beim Angriff und der Verfolgung beliefen sich auf insgesamt 3.400 Mann, hauptsächlich

als die fliehenden Franzosen sich vor der Maas zur Verteidigung sammeln konnten. Mac-Mahon hatte nach diesem Gefecht keine andere Möglichkeit mehr, als sich zurückzuziehen. Er ging nach Sedan zurück, um hier seine Truppen zu verpflegen und mit Nachschub und Munition zu versorgen.
Moltke befahl jetzt dem V. und XI. Korps, sich zwischen Sedan und die belgische Grenze zu schieben, um diesen Fluchtweg abzuschneiden. Gleichzeitig ging die dritte Armee westlich von Sedan vor, um einen Rückzugsweg nach Paris oder Mézières zu besetzten. Die Franzosen waren dabei, eingeschlossen zu werden.
Weil er die Stärke und Geschwindigkeit der deutschen Verbände unterschätzte, glaubte der Franzose Mac-Mahon bei Sedan, seine Armee sammeln zu können, um sie zu reorganisieren und ihren Nachschub zu ergänzen. General Helmuth von Moltke jedoch hatte fast 200.000 Mann in Eilmärschen hinter den angeschlagenen französischen Truppen hergeschickt; seine Spitzenverbände erreichten bereits am 31. August den Raum Sedan unweit der belgischen Grenze.
Auf französischer Seite waren an der Schlacht vier Armeekorps beteiligt, die relativ gebündelt im Raum Sedan standen. Ihnen gegenüber standen jetzt sieben Armeekorps, die sich um Sedan herum großflächig verteilten. Den militärischen Oberbefehl über die Truppen hatte Moltke. König Wilhelm von Preußen und sein Stab beobachteten die Schlacht von einem Hügel in der Nähe von Frénois aus.
Die französischen Truppen unterstanden zunächst Marschall Mac-Mahon, bevor dieser verwundet wurde und das Kommando an General Ducrot übertrug, der wieder-

um vom dienstälteren General Wimpffen genötigt wurde, ihm das Kommando zu überlassen. Kaiser Napoléon III. befand sich ebenfalls in Sedan, aber er griff zunächst nicht in militärische Belange ein.
Am 31. August 1870 gelang es einer Vorausabteilung des 4. Bayerischen Jägerbataillons, die Eisenbahnbrücke unterhalb Remilly zu besetzen, ehe sie von französischen Truppen gesprengt werden konnte. Nördlich des Ortes errichteten sie eine Pontonbrücke, um erneut die Maas zu überqueren, die dort einen Bogen schlägt.
Die nachrückenden Teile des Bataillons überquerten so den Fluss Maas und erreichten mit Hilfe der Pontonbrücke den Ort Bazeilles, etwa 5 km südöstlich von Sedan. Der Ort war die südlichste Verteidigungsstellung der französischen Armee und mit starken Truppenverbänden besetzt. So wurden die bayerischen Vorausabteilungen durch einen energischen Gegenangriff wieder bis zur Brücke zurückgedrängt. Gegen Abend sammelten sich an dieser Brücke bei Remilly das 1. Bayerische Korps, das 4. Korps und das 2. Bayerische Korps.
Am Morgen des 1. September überschritten zunächst Teile des 1. Bayerischen Korps um 4 Uhr die besagte Brücke und sickerten in den Ort Bazeilles ein. Starker französischer Widerstand zwang die Bayern, ihr gesamtes 1. Korps zur Verstärkung nach Bazeilles hineinzuschicken. Im Ort entwickelte sich ein heftiger Häuserkampf um einige von den französischen Verteidigern hartnäckig verteidigte Gebäude. Auch französische Einwohner beteiligten sich an den Kämpfen. Durch die Kampfhandlungen, darunter gezielte Brandstiftungen der Bayern, wurde nahezu das gesamte Dorf zerstört.

Erst gegen 11 Uhr gelang es, mit Unterstützung eines Bataillons des 4. Korps bis zum Ort Balan vorzudringen und so die Verteidiger von Bazeilles von den französischen Linien abzuschneiden. Unter diesen Bedingungen war es den bayerischen Truppen möglich, den letzten Stützpunkt im völlig zerstörten Ort zu stürmen, nachdem dessen Verteidigern, unter denen sich Marineinfanteristen der „Blauen Division“ befanden, die Munition ausgegangen war.

Während noch die Kämpfe in Bazeilles tobten, eroberte das 12. Korps nach anfänglichen Schwierigkeiten die Orte Daigny und Moncelle in der Givonne-Schlucht. Auch die Verluste der hier kämpfenden sächsischen und preußischen Truppen waren sehr schwer, da die Franzosen die Orte immer wieder mit starken Gegenangriffen zurück zu erobern versuchten.

Erst jetzt wurde den Preußen und ihren Verbündeten die Unschlüssigkeit der französischen Führung klar. Sie erkannten, dass die Franzosen nicht nach Mézières abmarschierten, um der Umschließung zu entgehen. Das angeschlagene 11. und das 5. Korps schlossen nun von Norden her den Kessel um Sedan. Das 11. Korps erreichte den Ort Floing, etwa 4 km nördlich von Sedan, und setzte sich dort trotz schwerer Gegenangriffe französischer Infanterie und Kavallerie fest.

Das 5. Armeekorps riegelte die Straße ab, die aus Illy herausführt, und begann mit dem Angriff auf den strategisch wichtigen Kalvarienberg. Als der Berg erobert wurde, war Sedan ringsum eingekesselt. General Ducrot kommentierte die Lage mit dem Ausspruch:

„Nous sommes dans un pot de chambre et nous y serons emmerdés.“
Das bedeutet auf Deutsch:
„Wir sitzen in einem Nachttopf, und wir werden darin zugeschissen werden“
Auf französischer Seite förderte der Führungs- und der damit verbundene Strategiewechsel nun aktiv die eigene Vernichtung. Wimpffen entzog dem im Norden um Floing und Illy kämpfenden General Douay Teile seiner Truppen, um damit die Südflanke bei Givonne zu verstärken. Trotz dieser Schwächung warf Douay nun alles in die Schlacht, um Floing und den entscheidenden Kalvarienberg zurückzuerobern. Die Reste seiner Infanterie und die gesamte Kavalleriereserve stürmten gegen die deutschen Linien. Bis in die Stellungen der deutschen Artillerie zwischen Floing und Illy brachen sie durch, bevor der Angriff von Reserven des 5. Korps aufgehalten wurde. Drei französische Generäle fielen mit ihren Reitern, zudem wurde eine unbekannte Zahl an Soldaten getötet oder verwundet.

Zwei frische Regimenter der deutschen Reserve drangen nun bis zum Dorf Cazal vor und eroberten es unter teils schweren Verlusten. Damit war die Basis der französischen Verteidigungsstellung auf die Festungsanlagen um Sedan zwischen Cazal und Balan reduziert.

Von Daigny aus griffen derweil Truppen der Maas-Armee in Richtung des Ortes Fond de Givonne an. In Auflösung befindliche Teile verschiedener französischen Korps hatten sich, aus Norden und Süden abgedrängt, in das Wäldchen Garenne nördlich des Ortes geflüchtet

und wurden dort im Kreuzfeuer deutscher Artillerie fast vollständig zerschlagen. Nur kompanie- und gruppenweise wurde dort noch Widerstand geleistet, als Teile der preußischen Garde den Wald einnahmen und mehrere tausend Gefangene machten.
Die Erstürmung von Fond de Givonne brachte die französischen Linien zum Zusammenbruch, und die Truppen zogen sich ungeordnet und unter ständigem Artilleriefeuer in die alte Festung Sedan zurück.

Wimpffen war es jetzt möglich, mit den noch einsatzfähigen Resten seiner Truppen aus der Festung heraus einen letzten konzentrierten Angriff gegen Balan zu starten und die deutschen und bayerischen Truppen hier zurückzudrängen. Das zusammengefasste Feuer der deutschen Artillerie erstickte jedoch den französischen Angriff, bevor er über Balan hinaus erfolgreich werden konnte. Mit einem Gegenangriff der Bayern und des 4. Korps gelang es, Balan zurückzuerobern.
Da sich die französischen Offiziere nun weigerten, ihm weiter zu folgen, ordnete Wimpffen widerwillig, aber ohne Optionen, auf Weisung von Napoleon III. den Rückzug in die Festung an. Nachdem eine weiße Flagge gehisst worden war, schwiegen die Waffen. Zwei deutsche Parlamentäre wurden von König Wilhelm zur Festung geschickt, um die Übergabe zu fordern.

11 Übergabe des Kaisers Napoleon III. an König Wilhelm von Preußen in Sedan am 2. September 1870

Sie wurden direkt zu Kaiser Napoléon III. geführt, von dessen Anwesenheit die Deutschen bisher nichts gewusst hatten. Gegen 7 Uhr abends ritt dann der kaiserliche Generaladjutant Graf Reille auf die Höhen von Frénois und übergab das französische Kapitulationsangebot an König Wilhelm von Preußen.

Die Antwort des Königs bestimmte Moltke zum Verhandlungsführer, denn Napoléon hatte sich zwar als Person ergeben, rein formal musste aber der französische Oberkommandierende noch mit der Armee kapitulieren. Napoleon wurde bis zur Kapitulation der Armee von den Deutschen in einem nahe gelegenen Schloss untergebracht.

Wimpffen forderte bei den abendlichen Verhandlungen gegenüber Moltke und Bismarck, seine Armee auf Ehrenwort in die Heimat oder nach Algier zu entlassen. Moltke lehnte dies ab. Er und Bismarck forderten die Kriegsgefangenschaft für das gegnerische Heer. Als Wimpffen sich weigerte, gab Moltke Anweisung, um 9 Uhr mit dem Beschuss der Festung von Sedan zu beginnen.

Erst als am Morgen das deutsche Ultimatum auf 10 Uhr verlängert wurde, willigte Wimpffen ein, die deutschen Bedingungen für eine Kapitulation zu akzeptieren. Es gingen 39 Generäle, 2830 Offiziere und 83.000 Soldaten in Kriegsgefangenschaft. Zusätzlich waren schon während der Kampfhandlungen 21.000 Mann gefangen worden. Weil Bazaine mit seinen 180.000 Mann nach wie vor in Metz eingeschlossen war, hatte Frankreich nach der Niederlage von Sedan keine handlungsfähige Armee mehr im Felde, weshalb der Krieg eigentlich hätte zu Ende sein können.
Am Abend des 3. September drang die Kunde von der Niederlage und der Gefangennahme des Kaisers nach Paris. Am 4. September wurde die Deputiertenkammer von Volksmassen gestürmt, kurz danach die Absetzung des Kaisers verkündet und die Republik ausgerufen. Noch in der gleichen Nacht verließ die Kaiserin Paris und floh nach England. In Paris wurde eine Regierung der nationalen Verteidigung gebildet, der u.a. Jules Favre und Léon Gambetta angehörten.
Im späteren Deutschen Kaiserreich wurde am 2. September der „Sedantag“ als patriotischer Feiertag an Stelle eines noch nicht existierenden Nationalfeiertages ge-

feiert. Der Sedantag wurde am 27. August 1919 abgeschafft. Zuvor war er vor allem ein Feiertag des kaisertreuen Bürgertums, des Adels sowie des Militärs, der preußischen Beamtenschaft und der ländlichen Bevölkerung gewesen, nicht oder kaum einer der volksverräterischen SPD, der wir diese Abschaffung verdanken.

Wie gesagt, der Krieg hätte eigentlich zu Ende sein können, aber die Sozis, die 1917 Russland und 1918 Deutschland das Messer in den Rücken stießen, stießen 1870/71 Frankreich besagtes rote Messer in den Rücken und verlängerten den Krieg. Die „Dritte Republik", die sich daraufhin in Frankreich bildete, führte den Krieg fort und fand sich erst im Februar 1871, nach dem Fall von Paris, zum Vorfrieden von Versailles bereit. Offiziell endete der Krieg am 10. Mai 1871 mit dem Frieden von Frankfurt, der hohe Reparationen sowie die Abtretung Elsass-Lothringens durch Frankreich vorsah.

Nach dem Deutsch-Dänischen und dem Deutschen Krieg von 1864 und 1866 gilt der Konflikt mit Frankreich als dritter und letzter der Deutschen Einigungskriege. Noch während seines Verlaufs traten Baden, Bayern, Württemberg und Hessen-Darmstadt dem Norddeutschen Bund bei, der sich mit Wirkung vom 1. Januar 1871 Deutsches Reich nannte. Der preußische König Wilhelm I. nahm den Titel „Deutscher Kaiser" an, Otto von Bismarck wurde erster Reichskanzler.
Und am 18 Januar 1871 versammelten sich im Spiegelsaal von Versailles die größten Helden der neuen Deutschen Nation, um Wilhelm I zum Kaiser auszurufen. In

meinen Augen ist dies der größte Moment unserer Geschichte, als Großherzog Friedrich von Baden ausrief:

„Es lebe seine Majestät, Kaiser Wilhelm."

Und dann sangen die größten Helden unserer Geschichte gemeinsam für unseren Kaiser „Heil dir im Siegerkranz":

Heil dir im Siegerkranz,
Herrscher des Vaterlands!
Heil, Kaiser, dir!
Fühl in des Thrones Glanz
die hohe Wonne ganz,
Liebling des Volks zu sein!
Heil Kaiser, dir!

Nicht Ross und Reisige
sichern die steile Höh,
wo Fürsten stehn:
Liebe des Vaterlands,
Liebe des freien Manns
gründet den Herrscherthron
wie Fels im Meer.

Heilige Flamme, glüh,
glüh und erlösche nie
fürs Vaterland!
Wir alle stehen dann
mutig für einen Mann,
kämpfen und bluten gern
für Thron und Reich!

Handlung und Wissenschaft
hebe mit Mut und Kraft
ihr Haupt empor!
Krieger- und Heldenthat
finde ihr Lorbeerblatt
treu aufgehoben dort
an deinem Thron!

Sei, Kaiser Wilhelm, hier
lang deines Volkes Zier,
der Menschheit Stolz!
Fühl in des Thrones Glanz,
die hohe Wonne ganz,
Liebling des Volks zu sein!
Heil, Kaiser, dir!

Dies war der bedeutendste Moment in unserer Geschichte und dank zeitgenössischer Maler können wir daran teilhaben:

12 Bild des Mahlers Anton von Werner

Wundervoll, nicht wahr?

Offiziell hatte Deutschland zur Kaiserzeit eigentlich gar keine Nationalhymne. Man hat zu gegebenen Anlässen immer entweder „Heil dir im Siegerkranz“ gesungen, oder „Wacht am Rhein“. Letztgenanntes Lied ging so:

Es braust ein Ruf wie Donnerhall,
Wie Schwertgeklirr und Wogenprall:
Zum Rhein, zum Rhein, zum deutschen Rhein!
Wer will des Stromes Hüter sein?
Lieb' Vaterland, magst ruhig sein,
Fest steht und treu die Wacht am Rhein!

Durch Hunderttausend zuckt es schnell,
Und Aller Augen blitzen hell,
Der deutsche Jüngling, fromm und stark,
Beschirmt die heil'ge Landesmark.
Lieb' Vaterland, magst ruhig sein,
Fest steht und treu die Wacht am Rhein!

Er blickt hinauf in Himmelsau'n,
Wo Heldengeister niederschau'n,
Und schwört mit stolzer Kampfeslust:
„Du Rhein bleibst deutsch wie meine Brust.“
Lieb' Vaterland, magst ruhig sein,
Fest steht und treu die Wacht am Rhein!

„Und ob mein Herz im Tode bricht,
Wirst du doch drum ein Welscher nicht;
Reich wie an Wasser deine Flut
Ist Deutschland ja an Heldenblut.“
Lieb' Vaterland, magst ruhig sein,
Fest steht und treu die Wacht am Rhein!

„Solang ein Tropfen Blut noch glüht,
Noch eine Faust den Degen zieht,
Und noch ein Arm die Büchse spannt,
Betritt kein Feind hier deinen Strand.“
Lieb’ Vaterland, magst ruhig sein,
Fest steht und treu die Wacht am Rhein!

Der Schwur erschallt, die Woge rinnt,
Die Fahnen flattern hoch im Wind:
Zum Rhein, zum Rhein, zum deutschen Rhein!
Wir Alle wollen Hüter sein!

Tja..., so war das damals in der guten alten Zeit. Wenn ich da an den meist belanglosen Schund denke, der heutzutage im Radio und Fernsehen gesungen wird...

Aber nun weiter mit dem Leben unseres edlen Kaisers:
Kaiser Wilhelm I sagte einmal:

„Ich will an meiner Geistes- und Herzensbildung unablässig arbeiten, damit ich als Mensch und als Fürst einen immer höheren Wert erlange.“
Zeigen Sie mir einen pseudodemokratischen Politiker der BRD, der solche Vorsätze fasst.
In Frankreich hatte der Krieg leider die endgültige Abschaffung der Monarchie zur Folge. Vor allem der Verlust Elsaß-Lothringens erzeugte einen dauerhaften, gegen Deutschland gerichteten Revanchismus, obwohl es eigentlich ein urdeutsches Land gewesen ist, dass zurück nach Hause geholt wurde, nachdem es fast 200 Jahre zuvor von Ludwig XIV. den deutschen Landen geraubt worden war. Die überwiegende Bevölkerung

sprach aber bis in die Kaiserzeit hinein Deutsch und gehörte auch kulturell zu den Deutschen Landen; so gesehen war die Rückholung Elsaß-Lothringens durch Bismarck und Wilhelm I vollkommen berechtigt.
Der Krieg wird in Frankreich und im englischen Sprachraum auch (nach der dortigen Gewohnheit, den Angreifer zuerst, den Angegriffenen als zweiten zu nennen) Französisch-Deutscher Krieg (Guerre Franco-Allemande bzw. Franco-Prussian War) genannt.

13 Dieses Bild zeigt Wilhelm I am Grab seiner Eltern am 19. Juli 1870. Am Tage der französischen Kriegerklärung verweilte der König im Gedenken an den im Mausoleum zu Charlottenburg befindlichen Sarkophagen seiner Eltern, des Königs Wilhelm III. und der unvergesslichen Königin Luise, die, 60 Jahre zuvor, am gleichen Tag gestorben war.

Die folgenden Jahre nutzen Wilhelm I und sein Freund und Kanzler Otto von Bismarck (befreundet sind sie eher privat, politisch gibt es so manche Streiterei zwischen ihnen) um das Erreichte zu sichern.

Aus den1870er Jahren stammen wohl auch die folgenden Ereignisse, die eher die Mutter des Kaisers als den Kaiser selbst betrafen, aber trotzdem sehr erzählenswert sind (Ich fand diese Anekdote auf der Webseite des Luisenbundes und sollte noch erwähnen dass ich diesmal die Rechtschreibung [z.B.: „dass" anstatt „daß" und „Luises" anstatt „Luisens"] korrigiert habe; wo Korrekturen jedoch den Text beeinträchtigt hätte, habe ich darauf verzichtet):

„Mir ist die schwere Aufgabe geworden", hat Kaiser Wilhelm I. einmal zu Anfang der siebziger Jahre seinem Oberhof- und Domprediger D. Kögel erzählt, „einiges vernichten zu müssen, was von der Hand meiner Mutter und meines Vaters herrührte. Soweit meine Erinnerung an meine Mutter zurückreicht, kann ich mir ihr Bild nicht vorstellen, ohne dass ich sie im Geiste mit einem grünseidenen (!) Beutel sehe, den sie immer bei sich zu tragen pflegte. Noch im Schlosse Hohenzieritz, am 19. Juli 1810, als mein Vater meinen älteren Bruder und mich an das Sterbebett der Königin nahm und wir zum Gesegnet werden niederknieten, sah ich jene Tasche auf einem Stuhl dicht vor dem Bette liegen. Nach dem Tode der Königin hörten wir, jene Tasche sei rätselhaft verschwunden, und niemand habe zu fragen gewagt, wohin sie gekommen sei. Dreißig Jahre später, nach dem am 7. Juni 1840 erfolgten Heimgange meines Va-

ters, empfing ich von meinem regierenden Bruder den Auftrag, einen Schrank zu öffnen, in dem wertvolle Papiere liegen sollten. Ich tat es, und wer beschreibt mein wehmütiges Erstaunen, als ich den wohlbekannten grünseidenen Beutel mit Briefen meiner Eltern bis in die Brautzeit zurück unter der Aufschrift meines Vaters fand: „Nach meinem Tode zu verbrennen!" Ich ging zu meinem Bruder und erbat seinen Befehl. Er verlangte, dass ich das Gefundene den Flammen übergeben solle. Ich tat es mit schwerem Herzen."

Was ist mit diesem Andenken an Preußens unsterbliche Königin, von dem wir bisher nichts gewusst haben? Königin Luise selber hat dieses ihres persönlichen Gebrauchsgegenstandes kurz vor ihrem Tode in einem noch ungedruckten Briefe (Hessisches Staatsarchiv in Darmstadt) vom 17. Juni 1810 an ihre Schwägerin, die Prinzessin Marianne von Preußen, Erwähnung getan: *„Sage doch deiner ältesten Schwester, dass ich ihren vortrefflichen Brief, den Du gelesen hast, immer bei mir habe, in dem gewissen blauen Arbeitsbeutel." Im Übrigen aber berichten weder die veröffentlichten Briefe aus jener Epoche noch die Erinnerungen der Zeitgenossen von dieser Hinterlassenschaft der Königin Luise. Wir sind jedoch in der Lage, deren Spuren zu verfolgen, wenn wir den im Brandenburg-Preußischen Hausarchiv ruhenden unveröffentlichten Briefwechsel Kaiser Wilhelms I. mit seiner Schwester Charlotte heranziehen, die als Gemahlin des Zaren Nikolaus I. seit 1817 nach Russland verheiratet war und dort Kaiserin Alexandra*

Feodorowna hieß. Von Petersburg aus richtete die Zarin am 31. Dezember 1840, ein halbes Jahr nach dem Tode ihres Vaters, Friedrich Wilhelms III., an ihren zweiten Bruder, den damaligen Prinzen von Preußen, folgende Bitte: „Und gerne möchte ich wissen, was in dem kleinen Glasschrank zu Charlottenburg sich noch von Andenken an Mama befinden. Ich denke, es muss da ein alter blauer Reisesack liegen, worin noch Sachen von der letzten Reise nach Hohenzieritz sich befinden. Bitte, bitte sei so gut, mir darüber einen Bericht zu machen!“

Prinz Wilhelm hat über den schwesterlichen Wunsch nach dem Besitz des Andenkens, der ziemlich unverhüllt aus diesen Worten sprach, sogleich, noch ehe er den gesuchten Beutel selbst ermitteln konnte, mit seinem Bruder, dem nun regierenden König Friedrich Wilhelm IV. gesprochen - in welchem Sinne und mit welchem Ergebnis zeigt die Stelle aus dem Briefe Wilhelms an Charlotte vom 27. Januar 1841: „Noch hatte ich keine Zeit, nach Charlottenburg zu gehen, um im Glasspinde nach dem braunen Sack von Mama zu sehen; findet er sich, so erlaubt Fritz, dass Du ihn behältst.“ Hier sei erwähnt, dass das Zimmer König Friedrich Wilhelms III., in dem das erwähnte Glasspind stand, sich im Erdgeschoß des von Friedrich dem Großen erbauten Ostflügels des Charlottenburger Schlosses befand, dort wo jetzt die Staatliche Hochschule für Musikerziehung und Kirchenmusik untergebracht ist.

Vierzehn Tage nach diesem Zwischenbescheid, am 14. Februar, konnte Prinz Wilhelm seiner Schwester etwas mitteilen, was zwar nicht die von ihr geäußerte Bitte betraf, jedoch im Zusammenhang mit seiner späteren Erzählung an D. Kögel Beachtung verdient: „Unter den zuletzt von mir recherchierten Papieren Papas haben sich nun auch alle Briefe von Mama gefunden, als Braut und bis zuletzt. Ich habe einige von jeder Zeit gelesen und so ganz und gar und alles und jedes besonders in diesen Briefen, den Stil, Charakter, Genre etc. noch wiedergefunden, dass ich ordentlich frappiert und ergriffen davon war. Dieselbe Art zu schreiben, dieselben Gedanken, die Heiterkeit, der Ernst, alles gerade so, wie wie es unter uns vererbt sehen!!"

Wir werden auf diese Briefstelle zum Schluss noch einmal zurückkommen. Hier folgt zunächst der wichtige Brief, den Prinz Wilhelm einige Tage nach dem 10. März 1841, dem Geburtstag der Königin Luise, an seine Schwester geschrieben hat, als er die Gruft im Mausoleum zu Charlottenburg besucht hatte, in der nun seit dreiviertel Jahren neben der Mutter auch der königliche Vater ruhte. Der Brief lautet, soweit er sich auf unser Thema bezieht, wie folgt:

"*Berlin, den 14. März 1841*

Der schmerzliche 10. März hat uns zum ersten Mal an der nun doppelt besetzten heiligen Stätte vereinigt! Die Gedanken der Abwesenden waren gewiss bei uns! Zum ersten Male war ich seit dem 12. Juni in der Gruft! Welche Gefühle mussten mich ergreifen! Hierbei ein Blatt von Mamas Sarge!

Gleich nach dem Schmerzensgang war ich in Papas Zimmer gegangen, um nach dem braun-blauen Arbeitsbeutel zu suchen, den Du zu haben wünschest. Ich fand ihn sogleich in dem Glasspinde liegen, ganz voller Gegenstände. Als ich ihn aufmachte, fiel mir zuerst ein zusammengelegtes Papier in die Hände; ich machte es auf und fand folgendes von Papas Hand geschrieben:

„Ich verlange, dass nach meinem Tode alle hierin befindlichen Briefe, ohne sie zu lesen, verbrannt werden sollen. Ich selbst kann mich hierzu nicht entschließen, da dieser Arbeitsbeutel mit allem was darin befindlich ist, von mir aus dem Sterbezimmer derjenigen, die mir das Liebste auf Erden war und die mein ganzes Glück ausmachte, mitgenommen worden ist, und Alles so darin bleiben soll, wie es war, zu ihrem ewigen Andenken.
23. Juli 1810 F.W."

Danach siehst Du, dass es unmöglich ist, dass Du den Sack mit den Gegenständen erhalten kannst, da es gewiss Papas Absicht war, dass er mit allen anderen im Spinde befindlichen Andenken vereint dort aufbewahrt werden soll. Doch lässt Dir Fritz sagen, da Du selbst noch darüber urteilen mögest und Dich erklären.
Ich brachte sogleich den Sack zu Fritz , wo er denn auch von Onkel Georg und Tante Marianne erkannt ward. Wie wehmütig alles war, begreifst Du, namentlich bei der Lesung dieser Zeilen! Nach Tisch suchte ich in Fritzens, Ellis und Augustens Beisein die Briefe raus und sie wurden sogleich verbrannt; nur die von Tante Marianne will Fritz ihr zurückgeben und ihr überlassen

sie zu verbrennen, da sie für sie ein Geheimnis sind. Auch hatte am 23. Juli wohl Papa noch nicht alle Briefe durchgelesen, welche sich im Sack befanden, wohl wissend, dass sich welche darin befänden, die nicht auf die Nachkommenschaft kommen sollten. Denn Frau Berg , wie sie selbst an Tante Marianne erzählt hat, wusste auch um der gleichen Briefe und hatte sich deshalb einige Augenblicke nach Mamas Tod im Besitz des Sacks gesetzt, den ihr Papa, es bemerkend, sogleich still fortgenommen hat, damit sie nicht denselben behalten sollte Im Übrigen befinden sich lauter Dinge in demselben, die zur Toilette, Arbeit etc. gehören."

An dieser Stelle sei erwähnt, dass der König Friedrich Wilhelm III. gleich nach dem Tode der Königin fast alle Familienbriefe vernichtet hat, wie wir aus einem Briefe des Prinzen Karl von Mecklenburg-Strelitz, Luises Bruder, an den den Erbprinzen Georg vom 12. August 1810 aus Berlin wissen (Mecklenb. Geh. und Hauptarchiv in Schwerin) „Der König geht morgen wieder nach Charlottenburg zurück, nachdem er hier die Papiere unseres Engels nachgesehen haben wird. Er lässt niemand, wer es auch sei, darüber, entsiegelt sie selbst und sieht alle und jede nach. Aber alle Briefe der Familie und näheren Bekannten verbrennt er ungelesen..." Auf diese Weise ist leider wertvollstes Quellenmaterial zur Lebensgeschichte der Königin unwiderruflich verloren gegangen.

Auf die oben wiedergegebene Mitteilung des Prinzen Wilhelm vom 14. März 1841 hat Kaiserin Alexandra sich in ihrem Briefe vom 22. März zufolge im Sinne jener Pietät entschieden, die für die Kinder der Königin

Luise bezeichnend ist: „Ich muss wohl auf den Arbeits- und Reisebeutel von Mama Verzicht tun. Es ist auch eigentlich ganz recht, dass er an der alten Stelle in Papas Zimmer bleibe!“

Demzufolge ist dieses Andenken an Königin Luise in Deutschland verblieben und nicht nach Rußland gekommen. Sein jetziger Aufbewahrungsort konnte allerdings nicht festgestellt werden. Im Charlottenburger Schloß, wo das Zimmer Friedrich Wilhelms III., wie erwähnt, anderen Zwecken zugeführt und daher nicht erhalten geblieben ist, befindet sich der Arbeitsbeutel nicht mehr. Alle Nachforschungen nach seinem Verbleib sind vergeblich gewesen.

Was nun die eingangs erwähnte Erzählung des Alten Kaisers an D. Kögel betrifft, so ist diese nach obigen Quellenmaterial in zwei Punkten richtigzustellen. Einmal ist die Farbe des „Arbeits- und Reisebeutels“ nicht grün gewesen, sondern blau, wie Königin Luise ihn selber nennt und wie die Kaiserin Alexandra ihn in Erinnerung hatte, oder auch „braun-blau“, wie Kaiser Wilhelm seine Farbe vier Tage, nachdem er ihn besichtigt hat, kennzeichnet. Ob die falsche Bezeichnung Kögels auf diesen oder auf einen Gedächtnisfehler des Kaisers zurückgeht, lässt sich kaum entscheiden, wahrscheinlicher ist das erste.

Die andere Richtigstellung ist bezüglich der Angabe vorzunehmen, der Beutel hätte die Briefe der Königin Luise und König Friedrich Wilhelms III. „bis in die Brautzeit“ enthalten. Zunächst könnte es der Natur der

Sache nach sich allein um Briefe des Königs handeln - denn Luises Briefe selbst bewahrte selbstverständlich der Empfänger derselben auf, der König. Insofern stimmt die Bezeichnung „Briefe meiner Eltern“ auf keinen Fall. Zum anderen aber steht fest, dass die Königin die Briefe des Verlobten und Gatten gleich wie dieser so gut wie lückenlos aufgehoben hat („sie und ich“, hat der König nochmals bezeugt, „haben von dem ersten Augenblick unserer Bekanntschaft an unsere Briefe auf das sorgfältigste aufbewahrt“): sie werden heute noch im Brandenburg-Preußischen Hausarchiv verwahrt und sind vor einigen Jahren in der schönen Ausgabe Karl Griewanks der Öffentlichkeit zugänglich gemacht worden. Lediglich aus der Zeit des Potsdamer Aufenthalts Friedrich Wilhelms des III. im Frühjahr 1804 und 1805 fehlen, wie aus Gegenbriefen Luises hervorgeht, ersichtlich Briefe Friedrich Wilhelms.

Sollte es sich nun bei den der Anekdote zufolge verbrannten Briefen um diese Briefe des Königs von 1804 und 1805 handeln? Der Brief Prinz Wilhelms vom 14. März 1841 erwähnt nichts von Briefen des Königs, wie doch wohl im zutreffenden Falle anzunehmen wäre. Darüber hinaus aber können wir auf Grund des hier mitgeteilten Materials die Frage restlos klären. Denn die letzte Gewissheit gibt der oben wieder gegebene Brief des Alten Kaisers vom 14. Februar 1841, in dem er erzählt, wie er im Nachlass des Königs „alle Briefe von Mama gefunden, als Braut und bis zuletzt“. Diese Briefe Luises befanden sich nicht im Schloß Charlottenburg, wo der Arbeitsbeutel verwahrt wurde, sondern im Königspalais, wo Friedrich Wilhelm III. gestorben ist. Diese beiden Vorgänge, der Fund der Briefe im Königspalais und der des braun-blauen Arbeits- und Reisebeutels im Schloß Charlottenburg, die ja auch zeitlich dicht aufeinander gefolgt waren, werden sich im Gedächtnis des Alten Kaisers zusammengeschoben und zu den von Kögel überlieferten Angaben geführt haben.

Insgesamt bietet uns das hier ausgebreitete Material die willkommene Möglichkeit, einen historischen Hergang zu rekonstruieren, der ebenso reizvoll für die Geschichte der Königin Luise ist wie für die ihres großen Sohnes. Das sehe ich auch so, weshalb ich es hier ja auch wiedergebe. Es wird nun jedoch Zeit auch ein paar außenpolitische Leistungen des Kaisers zu erwähnen:

In Übereinstimmung mit Bismarck war er bemüht, den äußeren Frieden durch Bündnisse mit den Nachbarmächten (außer Frankreich natürlich) zu sichern. Zu diesem Zweck brachte er im September 1872 in Berlin im sogenannten Dreikaisertreffen den Dreikaiserbund zwischen dem Deutschen Reich, Russland und Österreich-Ungarn zustande, welcher die beiden letzteren Mächte einander annäherte und Frankreich politisch isolierte. Besuche des Kaisers in St. Petersburg und Wien 1873 und in Mailand 1875 dienten der weiteren Unterstützung dieser außenpolitischen Annäherung.
Eine andere, sehr ehrenvolle außenpolitische Aufgabe fiel dem Kaiser 1871 zu, als er um Vermittlung zwischen den USA und Großbritannien im sogenannten Schweinekonflikt gebeten wurde. Mit seiner Entscheidung vom 21. Oktober 1872 zugunsten der USA beendete er den bereits seit 13 Jahren andauernden Grenz-

konflikt zwischen dem US-Bundesstaat Washington und dem kanadischen British Columbia. Wenn ich an die anti-monarchistische Orientierung der USA und an all die anti-deutsche Hetze während des ersten Weltkrieges denke, wäre es vielleicht besser gewesen diesem Land, dass sein Volk noch heute durch Scheindemokratie unterdrückt, nicht zu helfen! Aber wie hätte Wilhelm I das damals wissen können?

Am 11.05. im Jahre 1878 wurde ein Revolverattentat auf Kaiser Wilhelm I. durch den Gelegenheitsarbeiter Emil Max Hödel "Unter den Linden" in Berlin begangen. Der Kaiser wurde von seiner Tochter begleitet. Beide Kugeln verfehlen ihr Ziel und der inzwischen 81jährige Kaiser blieb Gott sei Dank unverletzt, ebenso wie seine Begleiterin. Da der Attentäter sozialdemokratischen Kreisen nahe steht, nimmt Bismarck das Attentat zum Anlass und fordert die Sozialdemokraten zu verbieten. Emil Max Hödel wird später zum Tode verurteilt und hingerichtet. Nur wenige Tage später, am 02.06., verübte Karl Eduard Nobiling auf den 81jährigen Kaiser Wilhelm I. mit Schüssen aus einer Schrotflinte ein Attentat, wobei der Kaiser diesmal verletzt wird. Passanten überwältigten Nobiling, der versucht sich selbst zu erschießen. Nobiling erlag später seinen Verletzungen, bevor ihm der Prozess gemacht werden konnte. Bismarck brachte nunmehr sein Sozialistengesetz im Reichstag durch. Bevor ich zu einigen Ausführungen betreff dieses berechtigten (aber meiner Meinung nach leider viel zu mildem) Gesetzes komme, sollte ich erwähnen das Wilhelm I zum Zeitpunkt des Attentates gesundheitlich etwas neben der Spur war; durch das Attentat hatte er etwas Blut verloren und es ging ihm wieder besser. An Bismarck schrieb er damals:

„Nobiling wusste was ich brauchte; einen tüchtigen Aderlass."

Der Aderlass war und ist in den meisten Fällen medizinischer Humbug, aber dem Kaiser hat er wohl sehr geholfen.

Nun zu dem Sozialistengesetz:
„Sozialistengesetz" ist die Kurzbezeichnung für das Gesetz gegen die gemeingefährlichen Bestrebungen der Sozialdemokratie, das am 19. Oktober 1878 mit der Stimmenmehrheit der konservativen und der meisten nationalliberalen Abgeordneten im Reichstag des Deutschen Kaiserreichs verabschiedet wurde. Nach der Zustimmung des Bundesrates am 21. Oktober und der Unterzeichnung durch Kaiser Wilhelm I. erhielt das Gesetz am 22. Oktober 1878 mit seiner Verkündung Rechtskraft. Es galt durch insgesamt vier Verlängerungen bis zum 30. September 1890. Wegen der verschiedenen Einzelbestimmungen in 30 Paragraphen, der jährlichen Neuvorlage und kleinen Modifizierungen spricht man oft auch im Plural von den Sozialistengesetzen oder von den antisozialistischen Gesetzen.
Das Gesetz verbot sozialistische und sozialdemokratische Organisationen und deren Aktivitäten im Deutschen Reich. Es kam damit einem Parteiverbot gleich,

wie es in der BRD wohl nie durchgesetzt werden wird, obwohl die SED 2.0 (bestehend aus SPD/Grüne/Linke/CDU) heute gefährlicher ist denn je, zumal sie fast totale Macht besitzt.
Sozialistisch orientierte Politiker konnten sich in der Zeit lediglich als Einzelkandidaten persönlich einer Parlamentskandidatur für die Landtage und den Reichstag stellen. In ihren Wahlkämpfen wurden sie von den Behörden zu Recht massiv behindert. Als gewählte Parlamentarier bildeten sie zwar eine sozialistische Fraktion im Reichstag und einigen Landtagen, außerhalb der Parlamente hatten sie jedoch zum Glück keine legal gesicherte Möglichkeit, öffentlich aufzutreten.
Die meisten Monarchisten der heutigen Zeit sind der Meinung, dass dieses Gesetz nicht gut war; ich sehe das anders. Die meisten Monarchisten im heutigen Deutschland wollen eine Monarchie nach dem Vorbild Belgiens oder der Niederlande. Doch ich finde wir brauchen eine Monarchie nach Vorbild des Deutschen Kaiserreiches! Und zwar auch mit einem Sozialistengesetz!
Ansonsten enden wir vielleicht wie Schweden; die haben zwar einen König, aber der tut nichts fürs Volk. Er beschützt sie weder vor der Überfremdung, noch vor der Abschaffung des Bargeldes in Schweden; diesem Irrsinn Einhalt zu gebieten versuchen lediglich die Schwedendemokraten (SD). Warum wir im heutigen Deutschland ein Sozialistengesetz brauchen?
Nun…, schauen Sie sich die Geschichte der SPD doch mal an; seit 150 Jahren nur Feigheit, Landes- und Volksverrat.

Hier eine kleine, mit Sicherheit unvollständige Chronik der Schandtaten dieser Völkermörder:

- 1869. Die SPD gründet sich mehr oder weniger, denn die Partei hat kein klares Gründungsdatum. August Beben und Wilhelm Liebknecht gründeten 1869 in Eisenach die Sozialdemokratische Arbeiterpartei (SDAP); davor gab es schon einige Vorläufer.
- 1873. Der Sedanstag (2. September) wird Feiertag und sofort protestieren die Sozis dagegen und jammern rum. Denn schon damals waren sie der Meinung, dass Deutsche keine Helden sein dürfen; außer deutsche Sozis natürlich.
- 1914. Die SPD tut etwas was angeblich völlig gegen ihre Natur verstößt; sie stimmt im reichstag für den Krieg. Ähnlich wie bei Abstimmungen zum ESM (wo die SPD Merkel und die CDU unterstützte, als klar war das diese auf Grund eines Aufstandes der WIRKLICH Anständigen keine eigene Mehrheit bekommen würde) war die SPD zwar angeblich dagegen, stimmte aber trotzdem dafür!
- 1918 rebellierte die SPD zusammen mit unzähligen anderen Verrätern, stürzte den Kaiser und stellt es heute so hin, als sei alles seine Schuld gewesen. Klar, es ist ja auch leicht auf jemanden einzudreschen, der sich nicht wehren kann. Ob die ganzen gewalttätigen angeblichen „Kulturbereicherer“ auch verkappte Sozis sind? Das würde wenigstens erklären, wieso die SPD deren Taten immerzu schön redet.

•1925 nahm die SPD auf dem Parteitag vom 13. bis 18. September 1925 die Forderung nach der Verwirklichung der Vereinigten Staaten von Europa in ihr Heidelberger Programm auf.
•1933 weigerte sie sich mit der KPD zusammenzuarbeiten und gab sich auch nicht wirklich Mühe die bayrischen Monarchisten zu unterstützen, sodass Hitler an die Macht kommen konnte. Aber die KPD-Zusammenarbeit wurde natürlich nach dem Krieg nachgeholt (LOL).
•Dann wurde es etwas ruhig um die SPD, weil viele von ihnen trotz der sozialistischen Artverwandtschaft zwischen SPD und NSDAP im KZ landeten; etwas was ich im Grunde nicht mal meinen schlimmsten Feinden (also den rot/grün/linken Deppen) wünsche; sie mir und meinesgleichen aber sehr wohl.
•Ein kurzes Zwischenspiel: Sozialisten, Kommunisten und Anarchisten fielen aus ganz Europa in Spanien ein und richteten während des dortigen Bürgerkrieges ungeheuerliche Blutgemetzel an! Doch Gott sei Dank gewann Franco den Bürgerkrieg und ließ nach seinem Tod die Monarchie wiederherstellen. Er schaffte es auch sein Land aus dem 2. Weltkrieg herauszuhalten und auch wenn dieser Mann heute unverhältnismäßig fies behandelt wird, so hat er sein Land doch davor bewahrt eine Sowjetunion 2.0 zu werden. Denn das ganze linke Pack (vor allem Intellektuelle, was auch erklärt wieso sie den Krieg verloren haben) das nach dem verlorenen Bürgerkrieg fliehen musste, landete

(wie unzählige andere Linksintellektuelle) dann bei Stalin im antifaschistischen „Sowjetparadies“. Am Anfang waren sie durchaus willkommen, nur dann fingen sie an Stalin mit ihrem Unfug von wegen „Ja Genosse Stalin, Frauen müssen Kinder abtreiben dürfen, um emanzipiert zu sein…, bla bla…“ auf die Nerven zu gehen und er ließ Hunderttausend von ihnen per Genickschuss erschießen. Der letzte Gedanke dieser Dummköpfe dürfte gewesen sein: „Offenbar sind Faschismus und Antifaschismus doch das Gleiche.“

•An dieser Stelle sollte noch erwähnt werden dass es auch anständige SPDler gab, die sich im Widerstand gegen Hitler engagierten. Leider viel zu wenige.

•Nach dem zweiten Weltkrieg vereinigte sich die SPD dann mit der KPD und zwang so ganz Mitteldeutschland die SED-Diktatur auf. 40 Jahre Diktatur, etliche Tote und jede Menge Unterdrückung und Gehirnwäsche. Danke ihr roten Kackwürste!

•Auch im Westen blieben die roten Rüben nicht untätig. Der Willy Brandt wurde Kanzler, schleimte sich bei Polen mit einer armseligen Show ein und schaffte den Straftatbestand des „Hofverrats“ ab, womit es nun legal war Landesverrat zu begehen. Klar; die Verräter legitimieren natürlich zuerst einmal ihr Tun, bevor sie richtig loslegen! Mit freundlicher Unterstützung der FDP, in der anständige Männer wie der Ritterkreuzträger Erich Mende kaum noch etwas zu sagen hatten. Gott sei Dank erleben wir heute den Niedergang dieser Wurmfortsatzpartei!

•1989 tat die SPD durch die finanzielle Unterstützung anti-deutscher Rassisten (oder wie es politisch korrekt heißt „Rassist_innen"; als würde ein echter Mensch je so reden) wie Raudia Kot..., verdammt schon wieder verwechsele ich die Namen Claudia Roth und Raudia Kot. Aber die Ähnlichkeit der beiden ist wirklich verblüffend; bis auf das Raudia Kot eine Burka trägt und so der Gesellschaft ihren Anblick erspart. Das sollte Claudia Roth auch tun ☺. Mann jetzt habe ich voll den Faden verloren. Also: 1989 tat die SPD durch die finanzielle Unterstützung anti-deutscher Rassisten alles in ihrer Macht stehende, um die Wiedervereinigung zu verhindern.

•Dann stürzte die FDJlerin Merkel den Kohl, die SPD begann gemeinsam mit den Grünen zu regieren und die beiden Anti-Kriegs-Parteien führten Krieg gegen Serbien.

•Anschließend opferten sie mit allen anderen Parteien zusammen die Deutsche Mark dem (T)Euro, um Deutschland weiter zu Grunde zu richten.

•Dann halfen sie mit den (T)Euro zu erhalten und einen Rettungsschirm nach dem anderen aufzuspannen.

•Seit Jahrzehnten schon tut diese Partei alles um Deutschland zu überfremden! Sie fördern die Asylflut zusammen mit den anderen Parteien, auch weil sie wissen das es in einem multikulturellen Land verdammt schwer ist einen Deutschen, einen Türken, einen Araber, einen Juden, einen Polen, einen Italiener, einen Griechen, einen Inder, einen Armenier und so weiter dazu zu bringen gemeinsam z.B. gegen die GEZ zu protestieren! Um Demos und Menschenaufmärsche die sich gegen Unrecht wehren zu unterbinden holen sie diese vielen Fremden ins Land. Das ist einer von vielen Gründen; ein anderer ist der krankhafte Hass der politischen Pseudoelite der BRD auf das eigene Volk!

•2013 half die SPD mit den deutschenfeindlichen Mord an Daniel S zu vertuschen, so wie sie in der Vergangenheit mithalf etliche Morde aus deutschenfeindlichem Rassismus zu vertuschen. Diesen Fall sehen wir uns mal näher an:

Die zu mehr als 85% aus grün/roten Journalisten bestehenden Medien versuchten zuerst den Fall totzuschweigen, weil das Opfer Deutscher war und die Täter Ausländer sind, aber es gelang ihnen diesmal nicht.

Als dann eine Debatte über deutschenfeindliche Gewalt, hauptsächlich im Internet, begann, sah sich der SPD-Bürgermeister von Weyhe, ein gewisser Frank Lemming..., Verzeihung Lemmermann gezwungen einen „Runden Tisch-gegen Rechts" und „Für ein buntes Weyhe" aufzustellen. Wäre ich in Weyhe gewesen, hätte ich den Tisch mit einem Vorschlaghammer zertrümmert!

Eine Bekannte von mir schrieb daraufhin sowohl die SPD als auch die CDU Weyhe an diesen Unfug sein zu lassen und gefälligst die Tatsache anzuerkennen das es ebendieser „bunt Quatsch" war, der Daniel S. das Leben gekostet hatte.

Geantwortet hat keiner von diesen Leuten; weil es ihnen scheißegal ist wenn Deutsche ermordet werden und andere Deutsche das nicht gut finden.
Akif Pirincci schrieb und veröffentlichte auf der Webseite „Achse des Guten“ seinen berühmten Aufsatz „Das Schlachten hat begonnen“, aus dem ich folgendes zitieren möchte:

„Die Theorie von einfühlsamen (deutschen) Soziologen, wonach diese bestialischen Jugendlichen sich in Wahrheit als Versager und Opfer der Gesellschaft vorkämen und ihr Blutrausch ein verzweifelter Aufschrei sei, ist natürlich eine von der Migrantenindustrie, schwachsinnigen Politikern und geisteskranken linken Medienleuten bestellte Lüge, die, obwohl niemand daran glaubt, nicht einmal sie selbst, dazu dienen soll, sozusagen das öffentliche "Branding" des armen, lieben Ausländers in das Hirn der Allgemeinheit zu penetrieren. Im Gegenteil, nicht einmal ein Milliardär mit dem Aussehen eines Ryan Gosling hat so viel Selbstbewußtsein wie ein Türke oder Araber, der einem Deutschen am Bordstein das Hirn aus dem Schädel tritt.
Das Muster ist immer gleich. Eine Gruppe oder die herbeitelefonierte Kumpelschaar umstellt das Opfer nach der Jagdstrategie von Wölfen, wobei die Delta- und Betatiere stets außen herum laufen und für das einschüchternde Jagdgeheul sorgen und das Alphatier nach und nach von der Beute Stücke abzubeißen beginnt, bis am Ende alle über sie herfallen und hinrichten. Die Zahl

der solcherlei Weise ermordeten Deutschen wird von offiziellen Stellen bewußt geheimgehalten, es ist aber wohl nicht übertrieben, wenn man taxiert, daß es sich um die Opferanzahl eines veritablen Bürgerkrieges handelt.“

Und weiter heißt es:

„Es geht einem deutschen Journalisten am Arsch vorbei, ob ein junger Landsmann von ihm auf offener Straße totgeprügelt wird, im Gegenteil, da ihm vom Kindergarten an der Haß auf die eigene Volkszugehörigkeit antrainiert wurde, er sogar seine berufliche Existenz riskierte, falls er für so etwas Mitgefühl zeigte, freut er sich in einer Art Übersprungshandlung sogar darüber. Upps, jetzt habe ich ein Wort gesagt, das die jüngeren Leser gar nicht mehr kennen, weil dessen Benutzung zur öffentlichen Ächtung führen könnte, und das voll nazi ist: Landsmann. In dem Wort, das an Nazität nur noch von "Landsmannschaft" übertroffen wird, stecken gleich zwei total faschistoide Wörter drin. Zunächst "Land", was es ja eigentlich so nicht geben darf, wenn man die Sache mit den "offenen Grenzen" und "Jeder ist ein Ausländer" ernst nimmt. "Staat" vielleicht, ja, Staat ist immer gut, oder meinetwegen Staatsgebiet, aber Land? So richtig faschistoid wird es aber erst mit dem Zusatzwort "Mann", wo wir doch inzwischen durch die Genderforschung gelernt haben, daß der Mann

nur ein gesellschaftliches Konstrukt ist und, als es ihn noch gegeben hat, er nur gewalttätig, frauendiskriminierend, sexistisch, halt so ein Nazi war. Vielleicht haben Türken und Araber Landsmänner, aber wir hier in Deutschla ... ähm, auf deutschem Staatsgebiet kennen so etwas nicht. Und infolgedessen haben wir auch kein Mitgefühl für unsern Landsmann.
Niemand hätte von der viehischen Ermordung von Daniel S. medial erfahren, wenn nicht durch eine Unachtsamkeit in einer lokalen Ausgabe der BILD-Zeitung darüber berichtet worden wäre und die Nachricht sich wie ein Lauffeuer durch das Internet verbreitet hätte. Überrollt von der Empörungswelle, saßen die linksgestrickten Medien nun in einer Zwickmühle. Wie bringt man das Kunststück fertig, den Leuten zu erklären, daß schon wieder ein unschuldiger Deutscher von deutschhassenden "Menschen mit Migrationshintergrund" totgeschlagen wurde, und suggeriert gleichzeitig genau das Gegenteil? Ein klassischer Fall von Doppeldenk. Vielleicht macht man es so wie der Bundespräsident Gauck in seiner Weihnachtsrede: "Sorge bereitet uns auch die Gewalt in U-Bahnhöfen oder auf Straßen, wo Menschen auch deshalb angegriffen werden, weil sie schwarze Haare und eine dunkle Haut haben"? Also einfach frech lügen? Es mußte doch, verdammt nochmal, möglich sein, das Ganze mit irgendwelchen Nazis in Verbindung zu

bringen, so daß später an den Köpfen der Leser und Zuschauer in diesem Zusammenhang nur noch Bilder von glatzköpfigen Gewaltrobotern hängenbleiben!
Da kam ihnen der SPD-Bürgermeister des Ortes zu Hilfe, in dem der Mord geschah. Dieses Prachtexemplar von einem moralisch verkommenen Subjekt und ein selten gefühlsloser Apparatschik hatte nichts Eiligeres zu tun, als auf der Stelle eine Sondersitzung des "Präventivrates und des Runden Tisches gegen Rechts und für Integration" anzusetzen und spontane öffentliche Trauerbekundungen zu verbieten, nachdem die Mainstreammedien in die Geschichte eingestiegen waren. Das vordringlichste Ziel war es nun, daß bei den Trauerbekundungen und beim Begräbnis bloß keine "Rechten" anwesend sein sollten, insbesondere jedoch bestand das Ziel darin, daß die öffentliche Wahrnehmung zu diesen halluzinierten Rechten gelenkt und der deutschfeindliche, also wirklich rassistische Hintergrund des Mordes aus dem Blickfeld verbannt wurde.
Wieso ist das so? Wenn in der Türkei vier oder fünf Deutsche aus türkenfeindlichen Motiven einen Türken erschlagen hätten, wären sie innerhalb von zehn Minuten von herbeigeeilten Passanten an ihren Eiern an der nächsten Straßenlaterne aufgehängt worden."

Ja. Dem ist eigentlich nicht mehr allzu viel hinzuzufügen.
Die Täter bekamen die üblichen milden Strafen und der Fall verschwand aus den Medien, die ohnehin enorm bemüht waren ihn totzuschweigen.

Und damit dürfte auch klar sein, wieso ich ein Parteiverbot/Sozialistengesetz für dieses SED 2.0 Lumpenpack fordere!
Man hätte das Sozialistengesetz niemals aufheben dürfen!
Unser Kaiser Wilhelm hat sich nie so deutschen- und familienfeindlich verhalten, wie diese der Multikulti-, One-World und Gender-Ideologie ergebenden Schwachköpfe!
Er und Bismarck waren Männer die für das Volk, für das Vaterland und für die Familie einstanden!

14 "Hurra 4 Kaiser" (zeitgenössische Postkarte) v.l.n.r. Friedrich III., Kronprinz Friedrich Wilhelm (Baby), Wilhelm I, Wilhelm II.

Als Deutscher Kaiser ließ Wilhelm I seinem treuen Reichskanzler Otto von Bismarck freie Hand, die Politik des Deutschen Reiches zu gestalten. Er kümmerte sich um repräsentative Aufgaben, förderte besonders die Integration der einzelnen deutschen Staaten im Reich und festigte so die Monarchie im Innern. Große Ereignisse jener Zeit waren die feierlichen Einweihungen monumentaler Denkmäler, so 1875 das Hermannsdenkmal und 1883 das Niederwalddenkmal.
Sein Enkel Friedrich Wilhelm, der spätere Kaiser Wilhelm II., bewunderte seinen Großvater besonders stark und gab ihm zur Hundertjahrfeier dem Beinnamen "der Große". Bismarck dagegen meinte nach dem Tod seines Gönners:
"Kein Großer, aber ein Ritter und ein Held".

Am 9. 03 1888 starb Wilhelm im Alter von 91 Jahren. Bismarck sagte damals:

"Mir liegt die traurige Pflicht ob, Ihnen die amtliche Mitteilung von dem zu machen, was Sie tatsächlich bereits wissen werden, dass seine Majestät, der Kaiser Wilhelm um 8.30 Uhr zu seinen Vätern entschlafen ist.... Es steht mir nicht zu, meine Herren, von dieser amtlichen Stelle aus den persönlichen Gefühlen Ausdruck zu geben, mit welchen mich das Hinscheiden meines Herrn erfüllt...[...]...Es ist dafür auch kein Bedürfnis, denn die Gefühle, die mich bewegen, die leben in dem Herzen eines jeden Deutschen..."
Wilhelms Grabstätte befindet sich bis heute im Mausoleum im Charlottenburger Schlosspark.

Am 22. März 1897 feiert man überall im Deutschen Reich den 100sten Geburtstag des Kaisers Wilhelm I., der wegen seiner Verdienste zur Reichseinigung von Kaiser Wilhelm II. nun zu "Kaiser Wilhelm der Große" erklärt wird. Überall im Land wurden ihm zu Ehren Denkmäler enthüllt, so wie zum Beispiel das Kaiser-Wilhelm-Nationaldenkmal in Berlin.

Aus Sympathie der Deutschen zu Kaiser Wilhelm wird noch heute die Zeile „Wir wollen unseren alten Kaiser Wilhelm wieder haben“ zur Melodie des 1875 von Richard Henrion komponierten „Fehrbelliner Reitermarschs“ sehr oft und gerne gesungen.

Bedeutende Bauwerke aus der Kaiserzeit

Unter der Herrschaft der Hohenzollern erfreute sich Deutschland in Bereichen der Kunst, der Kultur und der individuellen Freiheit großer Blüte.
Heutzutage werden fast nur noch potthässliche Gebäude gebaut, damit die Menschen nichts Schönes und Reines haben, zu dem sie aufschauen könnten. Auch sollen sich die Menschen nicht mit etwas identifizieren können; deshalb wurde die evangelische Kirche ja auch von den Grünen und der Katrin Göring-Eckardt unterwandert und mit der Gender-Ideologie und der Multi-Kulti-Ideologie vergiftet.
Zur Kaiserzeit handelte die Kirche nach Martin Luthers Worten:
„*Für meine Deutschen bin ich geboren. Meinen lieben Deutschen will ich dienen.*“
Heute..., na ja, dazu sag ich lieber nix.
Ein weiteres Beispiel ist das Stadtschloss in Berlin. Das wird neu gebaut und die Sozis konnten es nicht verhindern (auch weil einer von ihnen [der Wowereit] sich als großer Bauherr profilieren wollte, womit er schon beim BER-Flughafen gescheitert war und deshalb nicht auch noch beim Schloss scheitern durfte) also haben sie sich mit an Bord gebracht und versuchen es nun von innen

heraus zu zerstören, in dem sie es mit Ausstellungskram füllen, der überhaupt nichts mit Deutschland zu tun hat! Auf den folgenden Seiten werde ich Ihnen ein paar wundervolle Bauten aus der Kaiserzeit präsentieren. Bauten die unseres Landes und unseres Volkes würdig sind.

Die Siegessäule

15

Die Siegessäule in Berlin auf dem Großen Stern inmitten des Großen Tiergartens wurde von 1864 bis 1873 als Nationaldenkmal der Einigungskriege nach einem Entwurf von Heinrich Strack erbaut. Sie steht Gott sei Dank unter Denkmalschutz, sonst hätten unsere deutschenfeindlichen Politiker sie bestimmt schon abgerissen.
Aber sie tun was sie können; so zum Beispiel wurden die Fresken die die deutschen Einigungskriege darstellen noch immer nicht ordentlich restauriert und sehen aus als hätten die Sowjets sie gerade erst zerschossen. Drinnen hat man eine Ausstellung von bedeutenden Gebäuden Europas angesiedelt, wozu angeblich auch das Lenin Mausoleum gehört und wo neben ein Propagandabild aus der Stalinzeit (mit Stalin) hängt.
Tja, wie gesagt:
„…also haben sie sich mit an Bord gebracht und versuchen es nun von innen heraus zu zerstören, in dem sie es mit Ausstellungskram füllen, der überhaupt nichts mit Deutschland zu tun hat"
Nun ein wenig zur Geschichte der Siegessäule:

Der Anlass zur Erbauung einer Siegessäule in Berlin war der Sieg Preußens im Deutsch-Dänischen Krieg 1864. Innerhalb weniger Jahre kamen zwei weitere siegreiche Kriege hinzu, der Deutsche Krieg 1866 gegen Österreich sowie der Deutsch-Französische Krieg 1870/1871. An diese drei Siege wurde durch ihre ursprünglich drei Segmente und die krönende Bronzeskulptur der Viktoria erinnert.
Eingeweiht wurde die Siegessäule zur Feier des Sedantages am 2.September 1873, dem dritten Jahrestag der

siegreichen Schlacht bei Sedan. Bismarck und Kaiser Wilhelm I waren bei der Einweihung auch dabei.

Die Säule wurde 1938/1939 vom Königsplatz auf ihren heutigen Standort, den Großen Stern, versetzt.
Nach dem Zweiten Weltkrieg wünschte Frankreich ihre Sprengung, allerdings stimmten die anderen Alliierten nicht zu. Na immerhin etwas nettes was die drei für uns getan haben. Danke.

Der Kölner Dom

17

Der Kölner Dom hat eine sehr lange Geschichte. Da es hier aber vor allem um Kaiser Wilhelm I gehen soll, beschränke ich mich auf die Zeit, in der der Dom ENDLICH fertig gestellt wurde (an dem Dom wurde Jahrhunderte gebaut und streng genommen wird noch heute an ihm gearbeitet; er wird restauriert):

Im Jahre 1880 wurde der Kölner Dom nach über 600 Jahren vollendet, getreu den Plänen der Kölner Dombaumeister des Mittelalters und dem erhaltenen Fassadenplan aus der Zeit um das Jahr 1280. Aber die Fassaden des Querhauses wurden eine Schöpfung des 19.Jahrhunderts, da von ihnen keine mittelalterlichen Pläne vorlagen. Beim Bau setzten die Dombaumeister Ernst Friedrich Zwirner und Karl Eduard Richard Voigtel modernste Techniken ein, insbesondere für den Dachbau –eine neuzeitliche Eisenkonstruktion– und die Türme. Die verbaute Steinmasse beträgt ungefähr 300.000 Tonnen. Das mit 157,38 m vier Jahre lang höchste Gebäude der Welt wurde Ende 1884 vom Washington Monument (169,3m) übertroffen.

18 Dom um 1900

Das Ende des Dombaus wurde am 15.Oktober 1880 mit einem Fest gefeiert, das Wilhelm I. als Mittel zur öffentlichen Repräsentation und als identitätsstiftendes Element des neun Jahre zuvor gegründeten Reiches nutzte. Damals waren die Spitzen des Domes allerdings noch eingerüstet, was auf den zahlreichen Postkarten geflissentlich retuschiert wurde. Einen Tag später, am 16.Oktober 1880 fand ein legendärer historischer Umzug statt, der in zahlreichen Stichen überliefert ist. Allerdings fand das Fest in der Zeit des Kulturkampfs statt. Der amtierende Kölner Erzbischof Paulus Melchers befand sich in Verbannung, das Domkapitel und viele Mitglieder der Kölner Bürgerschaft blieben dem Empfang des protestantischen Kaisers Wilhelm I fern, obwohl ohne sein Engagement in dieser Sache der Dom wohl niemals fertiggestellt worden wäre.. Der Abbau des Gerüstes begann im Frühjahr 1881 und dauerte bis 1883 (andere Angaben: 1882). Die damalige Farbe des Steines wird als hellbeige beschrieben.

Das Hermannsdenkmal

Das Hermannsdenkmal steht in der Grotenburg genannten Ringwallanlage auf dem stark bewaldeten, 386 Meter hohen Teutberg.
Der Erbauer Ernst von Bandel ging davon aus, dass die Varusschlacht im Teutoburger Wald stattgefunden hatte; wie wir heute wissen stimmt das ja auch. Die Wahl auf die Grotenburg fiel allerdings aus praktischen und ästhetischenGründen. Der lippische Fürst wollte den Bauplatz nur unter der Bedingung zur Verfügung stellen, dass das Denkmal auf der Berghöhe errichtet würde, da es von dort aus weithin über Lippe sichtbar wäre. Mittlerweile ordnen die meisten archäologischen Fachwissenschaftler die Fundregion Kalkriese bei Bramsche in Niedersachsen als wahrscheinlichsten Ort der Schlacht ein.
Mit dem Bau des insgesamt 53,46 Meter hohen Hermannsdenkmals wurde 1838 begonnen. Schon vor Baubeginn, aber auch infolge des Baus entstanden überall in Deutschland Vereine, die erfolgreich Gelder für das Denkmal sammelten. So berichtet etwa Heinrich Heine 1843 und 1844: „*... zu Detmold ein Monument gesetzt; hab selber subskribieret.*“ (Deutschland. Ein Wintermärchen, Caput XI).
1846 wurde dann auch der Sockel des Denkmals fertiggestellt. In der Reaktionsphase nach der Revolution von 1848 ruhte der Bau bis 1863. Es fehlte in dieser Zeit sowohl das finanzielle als auch das politische Interesse, den Bau weiter zu führen. Erst mit der Gründung des Deutschen Reiches nach dem Deutsch-Französischen Krieg wurde das Denkmalsprojekt endlich wieder populär. Sowohl der neue deutsche Reichstag als auch Kaiser

Wilhelm I. ermöglichten schließlich mittels Großspenden 1875 die festliche Einweihung des Baus.

Die Entstehung des Denkmals ist nicht von seinem Erbauer, dem Bildhauer Ernst von Bandel zu trennen. Dieser widmete sich Zeit seines Lebens dem Denkmalprojekt und versuchte insbesondere in der Zeit der Bauunterbrechung weitere finanzielle Unterstützung für die Vollendung seines Lebenswerkes zu finden. Während der Arbeiten lebte Herr Bandel zeitweise in einem unterhalb des Denkmals errichten Blockhaus, der Bandel-Hütte, die man heute noch besichtigen kann. Bandel konnte die feierliche Einweihung im Jahr 1875 noch erleben. Er starb 1876.

Das Schwert das der Herrmann in die Luft streckt trägt die Inschrift:

DEUTSCHE:EINIGKEIT:MEINE:STAERKE
MEINE:STAERKE:DEUTSCHLANDS:MACHT

Auf dem Schild steht:
Treufest

In den Nischen des Denkmals wurden erst nach der Reichsgründung von 1870/71 mehrere Sprüche eingefügt:
Wilhelm, Kaiser, 22. März 1797, Koenig von Preussen, 2. Januar 1861. Erster Kaisertag, Versailles, 18. Januar 1871, Krieg 17. Juli 1870, Frieden 26. Februar 1871.

Der lang getrennte Staemme vereint mit starker Hand,

Der welsche Macht und Tücke siegreich überwandt,
Der längst verlorne Söhne heimführt zum Deutschen Reich,
Armin, dem Retter ist er gleich.

Am 17. Juli 1870 erklaerte Frankreichs Kaiser, Louis Napoleon, Preuszen Krieg, da erstunden alle mit Preuszen verbündeten deutschen Volksstaemme und züchtigten vom August 1870 bis Januar 1871 im[m]er siegreich franzoesischen Uibermuth unter Führung des Koenigs Wilhelm von Preuszen, den am 18. Januar Deutsches Volk zu seinem Kaiser erhob.

Nur weil deutsches Volk verwelscht und durch Uneinigkeit machtlos geworden, kon[n]te Napoleon Bonaparte, Kaiser der Franzosen, mit Hilfe Deutscher Deutschland unterjochen; da endlich 1813 scharten sich um das von Preuszen erhobene Schwert alle deutschen Staem[m]e ihrem Vaterlande aus Schmach die Freiheit erkaempfend. Leipzig, 18. October 1813 – Paris, 31. Maerz 1814, Waterloo, 18. Juni 1815 – Paris, 5. Juli 1815.
Arminius liberator haud dubie Germaniae et qui non primordia populi romani, sicut alii reges ducesque, sed florentissimum imperium lacessierit: proeliis ambiguus, bello non victus. (Tacitus, Annales: II, 88: Armin, ohne Zweifel Deutschlands (Germaniens) Befreier, der das römische Volk nicht in seinen Anfängen bedrängt hat wie andere Könige

und Heerführer, sondern in der höchsten Blüte seiner Herrschaft: In Schlachten mit schwankendem Erfolge, im Kriege nicht besiegt.)

Die Kaiser Wilhelm Gedächtniskirche

21

Der ursprüngliche Kirchenbau der Gemeinde geht zurück auf das Programm des Evangelischen Kirchenbauvereins. Auf Anregung Kaiser Wilhelms II. wurde die Bedeutung des Gebäudes um die Facette der Gedenkstätte zu Ehren Wilhelms I. erweitert. Sie ist also nicht wirklich ein Monument aus der Zeit Kaiser Wilhelms I, aber mir geht es bei diesem letzten hier von mir angepriesenen Gebäude auch eher darum das die Bauwerke dieser Zeit selbst noch als Ruinen besser aussehen als der potthässliche Mist, der „zeitgemäß" ist! Die alte Kaiser-Wilhelm-Gedächtniskirche ist auch als Ruine noch wunderschön und sie gewinnt sogar noch an Schönheit, wenn man sich die umliegenden Schrottbauten als Vergleich mit ihr ansieht.

Das Innere der Kirche war und ich noch heute aufwendig gestaltet. In der heute noch zugänglichen Vorhalle der alten Kirche befinden sich kunsthandwerklich bedeutende Mosaiken, die von Hermann Schaper entworfen und der Firma Puhl & Wagner ausgeführt wurden. Großenteils verdeutlichen diese die Vorstellung vom Gottesgnadentum, die damals schon als überholt galt.
Für ebendiese Eingangshalle schuf der Bildhauer Adolf Brütt einen 1906 vollendeten Bildzyklus, der einerseits das Leben Wilhelm I. darstellte, andererseits das Geschehen der Befreiungskriege dem Deutsch-Französischen Krieg von 1870/1871 gegenüberstellte.

Durch die Luftangriffe der Alliierten auf Berlin geriet das Kirchengebäude in der Nacht zum 23. November 1943 in Brand, was sowohl zum Zusammenbruch des

Dachstuhls über dem Kirchenschiff als auch zum Abknicken der Spitze des Hauptturms führte.

Nach dem Krieg weigerten sich die Alliierten das Gebäude wieder aufbauen zu lassen und die ihnen hörige Vasallenregierung Berlins nickte das natürlich ab; wohl weil die Wilhelminische Ära nicht in ihr Weltbild passte. Dabei wäre Hitler nie an die Macht gekommen, hätte man uns 1918 nicht den Kaiser weggenommen!!!!
Im März 1957 gewann Egon Eiermann den Architekturwettbewerb zum Neubau der Kirche. Sein Modell sah zu Gunsten eines modernen Neubaus den vollständigen Abriss der Ruine vor. Diese Pläne verursachten eine ungewohnt leidenschaftliche öffentliche Debatte. Sie endete mit einem Kompromiss, der sowohl vom Architekten als auch von den Bürgern widerstrebend akzeptiert wurde. Die 71 Meter hohe Ruine des alten Hauptturms blieb, bautechnisch gesichert, als Mahnmal gegen den Krieg erhalten, umgeben von einem vierteiligen Bauensemble nach den Entwürfen Eiermanns. Ein oktogonales Kirchenschiff und ein rechteckiges Foyer im Westen des alten Turmstumpfes und ein hexagonaler Glockenturm sowie eine ebenfalls rechteckige Kapelle östlich davon. Am 9.Mai 1959 fand die Grundsteinlegung für den Neubau statt. Am 17.Dezember 1961 wurde die fertige Kirche durch den Landesbischof Otto Dibelius eingeweiht. Das gesamte Ensemble der Gedächtniskirche ist mittlerweile denkmalgeschützt und gilt als wichtiges Mahnmal der Nachkriegszeit und als eines der markantesten Bauwerke Berlins. Vielfach wird das Gebäude von Touristen aufgesucht. Im Berliner Volksmund sind das achteckige

Kirchenschiff und der neue Glockenturm auch unter dem Ausdruck *Lippenstift und Puderdose* geläufig.
Ich muss zugeben das die neue Kirche zumindest von innen recht schön aussieht. Von außen wie von innen reicht sie jedoch nicht an die alte Kirche heran, ist aber angenehmer als z.B. das Europacenter anzusehen.

Zum Schluss zeige ich Ihnen noch wie die Kirche zu Ehren unseres ersten Kaisers früher ausgesehen hat: [22]

Hier noch zwei wunderschöne Fresken aus dem Inneren der Kirche:

Die PEGIDA-Bewegung

Ich weiß, die PEGIDA-Bewegung hat eigentlich nichts mit Kaiser Wilhelm I zu tun, aber ich möchte ihre Forderungen doch einmal hier wiedergeben. Den Grund nenne ich dann nach.
Hier die berechtigten Forderungen von PEGIDA:

Ab November 2014 trugen die Veranstalter bei den Kundgebungen Forderungen vor, die auf Flugblättern verteilt wurden, darunter:
•eine gesteuerte Zuwanderung über ein Punktesystem nach dem Beispiel Kanadas
•eine konsequente Abschiebungspolitik
•„Null-Toleranz" gegenüber straffällig gewordenen Zuwanderern
•verstärkte Wiedereinreisekontrollen
•Bewahrung und Schutz „der Identität unserer christlich-jüdischen Abendlandkultur"

Die letztgenannte Forderung lautete: „Es muss für uns wieder normal sein, öffentlich die Liebe zu seinem Vaterland zum Ausdruck zu bringen! Gegen Antipatriotismus!" Sie erhielt bei der fünften Demonstration am 17. November den meisten Beifall, was ich voll und ganz verstehen kann. Kundgebungsredner forderten zudem eine Beendigung des „Asylmissbrauchs", befürworteten aber die „Aufnahme von Kriegsflüchtlingen".

Das am 10. Dezember 2014 veröffentlichte Positionspapier der Initiative spricht sich aus für:

1.„die Aufnahme von Kriegsflüchtlingen und politisch oder religiös Verfolgten“ als Menschenpflicht
2.„die Aufnahme des Rechtes auf und die Pflicht zur Integration ins Grundgesetz der Bundesrepublik Deutschland“, ergänzend zum Recht auf Asyl
3.„dezentrale Unterbringung für Kriegsflüchtlinge und Verfolgte anstatt in teilweise menschenunwürdigen Heimen“
4.einen gesamteuropäischen Verteilungsschlüssel für Flüchtlinge und deren gerechte Verteilung in allen EU-Staaten durch eine zentrale Erfassungsbehörde
5.bessere Betreuung von Flüchtlingen durch Sozialarbeiter
6.ein Asylverfahren analog zur Schweiz und den Niederlanden und die Mittel für das Bundesamt für Migration und Flüchtlinge zu erhöhen, um das Verfahren zu verkürzen und die Integration früher zu beginnen
7.mehr Mittel für die Polizei und gegen Personalabbau bei selbiger
8.„die Ausschöpfung und Umsetzung der vorhandenen Gesetze zum Thema Asyl und Abschiebung“
9.„eine Null-Toleranz-Politik gegenüber straffällig gewordenen Asylbewerbern und Migranten“
10.„Widerstand gegen eine frauenfeindliche, gewaltbetonte politische Ideologie, aber nicht gegen hier lebende, sich integrierende Muslime“
11.„Zuwanderung nach dem Vorbild der Schweiz, Australiens, Kanadas oder Südafrikas“
12.„sexuelle Selbstbestimmung“

13.„die Erhaltung und den Schutz unserer christlich-jüdisch geprägten Abendlandkultur“
14.„die Einführung von Bürgerentscheidungen nach dem Vorbild der Schweiz“
Abgelehnt werden:
15.„das Zulassen von Parallelgesellschaften/Parallelgerichten in unserer Mitte, wie Sharia-Gerichte, Sharia-Polizei, Friedensrichter usw.“
16.„Waffenlieferungen an verfassungsfeindliche, verbotene Organisationen wie z.B. PKK“
17.„dieses wahnwitzige 'Gender Mainstreaming', auch oft 'Genderisierung' genannt, die nahezu schon zwanghafte, politisch korrekte Geschlechtsneutralisierung unserer Sprache“
18.„Radikalismus, egal ob religiös oder politisch motiviert“
19.„Hassprediger, egal welcher Religion zugehörig“

Ich habe vollstes Verständnis für PEGIDA und ihre Forderungen.
Und ich muss dazu zwei Dinge sagen:
Erstens finde ich es erbärmlich wie Medien, Politiker und Kirchenvertreter selbst an Weihnachten und Sylvester gegen diese Leute hetzen und da muss ich mich ernsthaft fragen:

PEGIDA ist gegen Asylmissbrauch; sind die Politiker, Medien und Kirchenvertreter etwa für Asylmissbrauch? (Die Antwort kenne ich bereits; sie lautet wohl leider „Ja“).

PEGIDA ist gegen Islamismus; sind die Politiker, Medien und Kirchenvertreter etwa für Islamismus?
(Die Antwort kenne ich bereits; sie lautet wohl leider „Ja“).

PEGIDA ist gegen die Überfremdung; sind die Politiker, Medien und Kirchenvertreter etwa für Überfremdung?
(Die Antwort kenne ich bereits; sie lautet wohl leider „Ja“).

Ich könnte diesen Fragebogen noch Seitenlang weiterführen, aber Fakt ist und bleibt:

Die Politiker der BRD pfeifen auf ihr eigenes Volk und führen einen regelrechten Krieg gegen uns!

Und damit kommen wir zu dem zweiten was ich dazu zu sagen habe:
Unter Kaiser Wilhelm I hat es so einen Mist nie gegeben!
Nie haben die Politiker Krieg gegen unser Volk geführt; darauf haben Wilhelm und Bismarck schon Acht gegeben!
Nie war es nötig das sich Zehntausende Menschen zusammentaten um gegen den Irrsinn zu protestieren, der heute stattfindet, denn damals gab es in Deutschland keinen Islamismus, keine Überfremdung und keinen Asylbetrug!
Die Forderungen von PEGIDA sind gut und logisch und gerade deshalb gehen die Politiker, Medien und Kirchenvertreter nicht darauf ein, sondern pauschalisieren einfach alle PEGIDAianer zu Nazis in Nadelstreifen (als

täten sie nicht selbst Nadelstreifen tragen!) und schicken ihre Mitarbeiter und Parteimitglieder um Gegendemos zu veranstalten!
Aber wer sind hier die wahren Nazis?
War es nicht Adolf Hitler der mit Benito Mussolini die ersten Entwürfe für eben die EU angelegt hat, die wir heute haben?
War es nicht Adolf Hitler der durch Massenzuwanderung ganze Länder überfremden wollte (Polen und das eroberte Russland)?
War es nicht Adolf Hitler der erstmals eine Einheitswährung für Europa wollte?
Wenn die Politiker der BRD und der EU so sehr gegen Nazis sind, warum verhalten sie sich dann wie welche?
Warum tun sie genau das was Hitler auch getan hat oder tun wollte?
Unter Wilhelm I hätte es solch einen Bockmist nie gegeben!
Er hat sein Land und sein Volk immer beschützt.

Darum wünsche ich mir auch die Monarchie wieder zurück und Erik Ritter von Kuehnelt-Leddihn hat einmal 25 Argumente für die Monarchie aufgelistet, die ich hier wiedergeben möchte. Denn während meines Stöberns durch diverse Webseiten der Monarchisten kam ich auf Erik Ritter von Kuehnelt-Leddihn und seine Argumente für die Monarchie, die ich erstmals auf der Webseite der „Monarchieliga" fand. Dieselben Argumente findet man auch auf der Webseite des „Orden der Patrioten". Es sind 25 an der Zahl und sie sind sehr interessant zu lesen, auch wenn ich persönlich einigen Argumenten nicht zustimmen kann:

1. Die Verbindung des politischen und gesellschaftlichen Elements, hat doch der Monarch, obwohl primär ein gesellschaftliches Haupt, die Macht, in das staatliche Leben einzugreifen. Als Theodore Roosevelt Kaiser Franz Joseph fragte. was er denn in diesem fortschrittlichen 20. Jahrhundert als seine wichtigste Aufgabe betrachtete, antwortete ihm der Monarch: „Meine Völker vor ihren Regierungen zu beschützen.“

2. Der Monarch ist kein Parteimann. Er wird von niemandem gewählt - auch nicht vom bösen Nachbarn, den man darob zürnen könnte. Durch den biologischen Prozeß ist er einfach da und ist Zu-Fall wie die eigenen Eltern.

3. Er wird von Kindesbeinen an für seinen Beruf vorbereitet und ausgebildet. Er ist ein Fachmann: die Koordination ist sein Metier. Das erste Recht eines Volkes, wie Peter Wolf sagte, ist gut regiert zu werden. Self-Government is better than good government? Keineswegs, denn in der Praxis gibt es keine Selbstregierung, sondern nur Mehrheitsherrschaft.

4. Da er sich die Krone nicht verdient hat, neigt er auch weniger zum Größenwahn als der erfolgreiche Karrierist. Die Religion zeigt ihm oft seine Nichtigkeit (Fußwaschungszeremonie, Begräbnisformel der Habsburger).

5. Als dritter Faktor (neben dem gesellschaftlichen und politischen) figuriert der religiöse. Die Krönung ist ein Sakramentale. Die Monarchie lädt zur Perfektion ein - zur geistigen, wie auch zur seelischen. Die Zahl der heiligen Könige, Kaiser und ihrer Frauen ist groß.

6. Die Wahrscheinlichkeit einer überdurchschnittli-

chen geistigen Begabung auf erbbiologischer Grundlage ist gegeben. In den Dynastien, die aus einem Aggregat von auserlesenen Familien bestehen, werden spezifische Talente erhalten und weitergegeben. Oft allerdings begegnen wir einer Genialität, die in die Nähe des Wahnsinns gerät … in der Vergangenheit ein Problem, heute hingegen von der Medizin durchschaut. Der verrückte Monarch wird heute frühzeitig von den Regierungsgeschäften ausgeschlossen.

7. Die Monarchie hat einen übernationalen Charakter. Nicht nur sind meist Mutter, Frau, Schwäger und Schwiegerkinder „Ausländer", sondern die Dynastien selbst in der Regel ausländischen Ursprungs. So waren im Jahre 1909 nur die souveränen Herrscher von Serbien und Montenegro lokaler Herkunft. Die Dynastien sind auch rassisch gemischt und stammen u. a. auch von Mohammed und Dschinghis Khan ab. Dies und ihr übernationaler Charakter geben ihnen einen doppelten psychologischen Vorteil: die Chance, andere Völker (und Herrscherfamilien) besser zu verstehen und auch zum eigenen Volk eine objektive Distanz einzuhalten.

8. Die Monarchie ist elastischer als alle anderen Regierungsarten; sie läßt sich leicht mit anderen Regierungs- und Sozialformen kombinieren. So vereinigt die klassische gemischte Regierungs-

form elitäre und demotische Elemente mit einer monarchischen Spitze. Aber man könnte sich auch ein sozialistisches Königstum vorstellen und selbst ein kommunistisches Kaiserreich - das wir ja in der Herrschaft der „Inkas“ sahen. Tatsächlich ist, wie Treitschke hervorgehoben hatte, die Monarchie der Proteus unter den Staatsformen.

9. Die Monarchie ist eine patriarchale, unter Umständen aber auch eine patriarchal-matriarchale oder rein matriarchale Institution. Hier werden tiefste Gefühle unserer familistischen Natur angesprochen. Das Herrscherpaar ist zugleich ein Elternpaar. Zudem ist die Monarchie schon aus diesen Gründen dem Patriotismus, die Demokratie dem Nationalismus zugeordnet. Die Demokratie steht für vaterlose Brüderlichkeit, die logisch in Big Brother ihren Kulminationspunkt findet.

10. Die Monarchie ist eine organische Regierungsform, in der die Vernunft sich mit der Gefühlswelt harmonisch verbind. Die Monarchie ist keine „ausgedachte“, künstliche, arithmetische Regierungsform, sondern eine im engsten Sinne des Wortes „natürliche“, der menschlichen Natur angemessene. Der Zeugung und der Geburt stehen die plakatierten Wände und die Computernächte nach den Wahlschlachten gegenüber.

11. Auch das Prinzip des rex sub lege machte die Monarchie zur arché , nicht zum krátos. Selbst in der Verfallsform der absoluten Monarchie hatte ein „Autokrat“ wie Ludwig XIV. nicht einen Bruchteil der Gewalt unserer Parlamente. Er hätte nie die Macht gehabt, eine jährliche Einkommensteuerbekenntnis, die allgemeine Wehrpflicht oder ein Alkoholverbot zu erzwingen. Selbst unter ihm gab es corps intermediaires.

12. Die weltanschaulich-ideologische Einheit, ohne die (laut Harold Laski) der Parlamentarismus nicht bestehen kann, ist in der Monarchie viel weniger notwendig - daher auch die geistige Freiheit potentiell eine viel größere.

13. Die Möglichkeit der Bestechung eines Monarchen ist eine besonders geringe. Und die Plutokratie (dank der Präsenz anderer Werte) sehr unwahrscheinlich.

14. Unwahrscheinlich ist auch von Seiten des Monarchen die Popularitätshascherei, das Schmeicheln des Volkes, größer hingegen die Möglichkeit, dem Volk die Wahrheit zu sagen, da die Problematik seiner Wahl oder Wiederwahl nicht besteht.

15. Vor allem aber ist es die Aufgabe des Monarchen unpopuläre Minderheiten, die im demokrati-

schen Rahmen rettungslos verloren sind, zu beschützen.

16. Echter Liberalismus (Liberalität) hat eine viel größere Chance unter der Monarchie als unter der Demokratie, die eine totalitäre Wurzel hat. Freiheit und Ungleichheit sind ebenso verbunden wie Gleichheit und Zwang.

17. Der christliche Monarch trägt eine Verantwortung vor Gott. Das ist eine unvergleichlich größere Verantwortung als die vor Völkern oder deren Vertretern. Demokratie jedoch ist Verantwortungslosigkeit: wer einen unterschriftslosen Zettel in eine Urne wirft, trägt wohl keine irdische Verantwortung.

18. Monarchen sind „öffentliches Eigentum“: sie gehören ihren Untertanen. Das ist ein wechselseitiges Verhältnis. Sei sind auch klassenlos, denn sie sind weder Adelige, noch Bürger, noch Arbeiter oder Bauern. Sie gehören „soziologisch“ ideell zu einer internationalen Sondergruppe. So sind sie äquidistant zu allen Klassen und Ständen.

19. Die Monarchen sind berufen, Staatsmänner und nicht bloß Politiker zu sein. Sie müssen viel weiter denken als bis zur nächsten Wahl. Ihnen muß das Schicksal ungeborener Generationen am Herzen liegen. Gescheiterten Monarchen wurden die

Köpfe abgeschnitten, gescheiterte Politiker ziehen sich ins Privatleben zurück und schreiben ihre Memoiren.

20. Ein monarchisches System kontinentaler Natur ermöglicht eine bessere Atmosphäre gegenseitigen Vertrauens der Länder, da das ewige Schaukelspiel der Demokratie alle internationalen Beziehungen verunsichert. Sagte der Schweizer Jacob Burckhardt: „Seitdem die Politik auf innere Gärungen der Völker gegründet ist, hat alle Sicherheit ein Ende.“ Die politische Version des „perfiden Albions“ tauchte auf als die Wählerei - Tory- und Whig-Kabinette wechselten einander ohne Warnung ab - das Vertrauen in England am Kontinent untergrub.

21. Die großen Staatsmänner Europas waren in der großen Mehrzahl entweder Monarchen, von Monarchen ernannte Männer, Aristo-Oligarchen oder Produkte der Revolutionen und schweren Krisenzeiten, die den Brutalsten, Skrupellosesten und Schlauesten an die Spitze kommen ließen - Leute wie Napoleon, Hitler, Lenin, Stalin, Mao, die aber unweigerlich ein Meer von Blut und meist keine bleibende Ordnung hinterließen.

22. Die Monarchie verbürgt vor allem die Kontinuität. Man weiß wer wem nachfolgen wird. Die Einführung des Sohns, des Neffen, der Tochter

in die Regierungsgeschäfte wird garantiert.

23. Die Permanenz verbürgt auch eine größere Erfahrung. Die meisten demokratischen Verfassungen, die sich vor der persönlichen Macht fürchten, verbieten eine zweite oder dritte Amtsperiode. Wenn endlich der politische Karrierist (etwa ein ex-Hemden- und Krawattenverkäufer á la Truman) angefangen hat, richtige Erfahrungen zu sammeln, wird er abserviert, Und dann kommt ein neuer Amateur in die Regierungsspitze. So kann man nicht einmal einen größeren Kaufladen, geschweige denn eine Großmacht leiten. (Man komme da uns nicht mit Experten: welcher Laie kann widersprüchliche Expertisen koordinieren?)

24. Die Monarchie ist mit dem Christentum oder zumindestens einer ursprünglich christlichen Kultur durch ihren patriarchalen Charakter in einem harmonischen Einklang: das Vaterbild wurde durch Gott-Vater, den Heiligen Vater, die Kirchenväter, dem Pater Patriae , dem leiblichen Vater und Großvater bestimmt. Dazu bemerkte Abel Bonnard: „Der König war Vater seines Volkes, denn jeder Vater war König in seiner Familie.“ Dieser psychologische (mehr als theologische) Aspekt gilt für alle genuin christlichen Glaubensgemeinschaften, auch für jene, die die politische der kirchlichen Hierarchie gleichge-

setzt oder mit ihr verkoppelt haben. Doch die Autorität kommt stets von oben. Und wahrhaft gut regieren kann man nur mit Hilfe der Autorität, einer endogenen Kraft, und nicht durch Furcht, einer exogenen. Wie schon Joseph de Maistre sagte, können Millionen von Menschen nur durch Religion oder Sklaverei regiert werden, also durch die innerlich rezipierte Autorität oder durch die zitternde Angst erzeugende Gewalt. Doch die Demokratie ist mit der Autorität nur mühevoll zu vereinen und deshalb auch nicht leicht mit dem Rechtsstaat.

25. Der höchste christliche Stellenwert der Monarchie liegt jedoch in ihrem Appell an die Liebe. Eine Liebesgemeinschaft mit dem Regenten ist jedoch im Zahlenzauber der Demokratie nicht denkbar, da deren Wahlen jedesmal in Siegen und Niederlagen, Freudenausbrüchen und Enttäuschungen, Triumph und Zorn enden. Das ahnten wahrscheinlich auch Augustinus und Franz von Baader, als sie von der unersetzbaren Harmonie zwischen der Liebe und dem Dienen schrieben. Nur in der Liebe ist das Dienen kein Schmerz und keine Last. Lästige Politiker aber setzt man durch den Stimmzettel wie aufsässige Domestiken wieder an die Luft, denn sie sind ja auch nicht vom Schicksal zugeteilte „Eltern“, sondern nur Mietlinge.

Der Monarch als Staatsoberhaupt und als gesellschaftliche Mitte ist stets einem Präsidenten wie dem in der Bundesrepublik Deutschland vorzuziehen. Der Bundespräsident ist gewählt von einer unsäglichen Herrschaft der Parteien, die sich ausruhen auf ihren Lorbeeren, ihren Meriten, die sie sich fadenscheinig vor einiger Zeit erarbeitet haben mögen. Jedoch ohne für das Land wirklich etwas getan zu haben.
Der Monarch hingegen schließt seine Nation und sein Volk in sein Herz, denn die Geschichte der Nation ist auch seine Geschichte. Somit stellt der Monarch das Symbol nationaler Einheit dar, das zugleich den Bürger vor dem Missbrauch der Macht durch gewöhnliche Politiker schützt - oder zumindest schützen sollte.

Zu guter Letzt ein Artikel:

Am 27.02.2013 schrieb die Preußische Allgemeine Zeitung über Kaiser Wilhelm I einen sehr guten Artikel, den ich hier wiedergeben möchte:
(Quelle: http://www.preussische-allgemeine.de/nachrichten/artikel/kein-grosser-aber-ein-ritter-und-ein-held.html)

»Kein Großer, aber ein Ritter und ein Held«

Vor 125 Jahren starb der erste Deutsche Kaiser, Wilhelm I. – Er ließ Bismarck, Moltke und Roon gewähren

Ein Kaiser und ein Großer: Wilhelm I. und Otto von Bismarck (v.l.)

Sein Enkel und späterer Nachfolger Wilhelm II. hat versucht, für ihn die Bezeichnung „Wilhelm der Große" durchzusetzen, zu Recht vergebens. Eher ist seinem Ministerpräsidenten und Reichskanzler Otto von Bismarck zuzustimmen, der über ihn meinte: „Kein Großer, aber ein Ritter und ein Held". Die Rede ist vom Deutschen Kaiser und König von Preußen Wilhelm I.

Im Gegensatz zu dem wirklich großen Staatsmann Otto von Bismarck, der ein Revolutionär war, wenn auch ein weißer, war der Legalist Wilhelm I. eher anachronistisch. Ähnlich wie sein Vater Friedrich Wilhelm III. war Wilhelm ein Monarch, der zum Jagen getragen werden musste. Aber während sich Friedrich Wilhelm durch die Ereignisse und Entwicklungen treiben ließ, übernahm diese Aufgabe bei Wilhelm Bismarck. Das Größte an Wilhelm ist denn auch zweifellos, dass er erkannte, dass sein Regierungschef (Bismarck) und auch sein Generalstabschef (Helmuth von Moltke) größer waren als er und dass er diesen, wenn auch nicht immer ohne Widerstand, in der Regel letztlich doch folgte. Es zeugt von Charakter, wie neidlos und mit welcher Selbstironie er die Überlegenheit von Untertanen anerkannte. Trocken konstatierte er, dass Bismarck für das Reich wichtiger sei als er, und stöhnte, dass es nicht einfach sei, unter einem solchen Kanzler Kaiser zu sein.

Überhaupt scheint Wilhelm manche sympathischen Charakterzüge gehabt zu haben, darunter Bescheidenheit, Sparsamkeit, Mut, Pflichtbewusstsein und Treue. Nicht umsonst zählte Wilhelm bei seinem Tode zu den weltweit beliebtesten Monarchen; und ein so Großer wie Bismarck hat sich in seiner Grabinschrift „einen treuen deutschen Diener Kaiser Wilhelms I." nennen

lassen.
Wenn wir auch aus Wilhelms eigenem Munde wissen, dass es für ihn nicht leicht war, unter Bismarck Monarch zu sein, so war es doch auch für Letzteren nicht leicht, unter ihm Regierungschef zu sein. Zur ganzen Wahrheit gehört nämlich, dass Wilhelm Bismarck häufig Widerstand entgegengesetzt hat und dass, wenn Bismarck seinerseits nicht so konsequent an seinen Überzeugungen festgehalten hätte, Wilhelm eine Politik betrieben hätte, die nicht einmal Wilhelm II. auf die Idee hätte kommen lassen, ihn als groß zu bezeichnen.
Als ein Beispiel sei die Bündnispolitik des jungen Deutschen Reiches genannt. Bismarck wusste, dass es angesichts der Revanchegelüste Frankreichs von existenzieller Bedeutung für das Reich war, mit den beiden anderen kontinentalen Großmächten verbündet zu sein. Interessanterweise hielten sowohl Wilhelm I. als auch Wilhelm II. diese Kombination für unmöglich und für einen Verrat. Der Unterschied zwischen den beiden Hohenzollern bestand allerdings darin, dass Wilhelm II. den Rückversicherungsvertrag für einen Verrat am Zweibund hielt und deshalb den Vertrag nicht verlängerte, den Draht nach Petersburg kappte. Wilhelm I. hingegen hielt ein Bündnis mit Österreich für einen Verrat an der traditionellen, bewährten Freundschaft mit Russland. Bismarck setzte sich schließlich gegen Wilhelm I. durch. Aber wäre es nach Letzterem gegangen, wäre es zu einer Wiederholung der Krimkriegskonstellation gekommen mit dem Unterschied, dass Preußen diesmal nicht hätte neutral bleiben können, sondern an Russlands Seite als dessen westlicher Außenposten und Juniorpartner nicht nur Frankreich, sondern auch die am Status quo

auf dem Balkan und in der Türkei interessierten Großmächte Österreich und Großbritannien zum Gegner gehabt hätte und damit von der einzigen verbündeten Großmacht abhängig gewesen wäre. Es spricht für Wilhelms politische Naivität, sprich mangelnde Größe, aber auch für einen sympathischen, um nicht zu sagen: ritterlichen, Charakter, dass er die Außenpolitik seines Staates durch ein menschliches Gefühl wie Dankbarkeit leiten lassen wollte.
Wilhelm war nicht immer ein Sympathieträger seiner Landsleute gewesen. Sein Eintreten für eine militärische Antwort auf den Ausbruch der 48er Revolution und der finale Todesstoß, den er dieser liberalen Erhebung versetzt hat, indem er mit den von ihm kommandierten preußischen Truppen 1849 mit Rastatt die letzte Festung der Revolutionäre eingenommen hat, machte den „Kartätschenprinzen" zum Feindbild der Liberalen. Möglicherweise unter dem Einfluss seiner liberalen Ehefrau Augusta von Sachsen-Weimar-Eisenach näherte sich Wilhelm jedoch nach der Revolution liberalen Positionen an. Und als er 1858 von seinem Bruder die Regierungsgeschäfte übernahm, war er – ähnlich wie 30 Jahre später sein Sohn Friedrich Wilhelm – zum Hoffnungsträger der Liberalen geworden. Unter seiner Regentschaft begann eine liberale Neue Ära.
Beim Militär endete jedoch Wilhelms Liberalismus. Nach den schlechten Erfahrungen mit der preußischen Mobilmachung während des Sardinischen Krieges im Jahre 1859 wollte Wilhelm eine Heeresreform durchsetzen, die sowohl den Wehrdienst verlängerte als auch das professionellere stehende königliche Heer gegenüber der Landwehr aus der Zeit der Befreiungskriege,

stärkte. Da die Liberalen diese Kombination als inakzeptable Zumutung empfanden, war eine legale Realisierung dieser Reform unmöglich, hatte doch in dem mit dem Budgetrecht versehenen Abgeordnetenhaus die liberale Fraktion die Mehrheit. In dieser Situation dachte Wilhelm wohl an Abdankung, zumal er in seinem liberalen Sohn Friedrich Wilhelm einen Nachfolger gefunden hätte, dem es wohl ein leichtes gewesen wäre, mit einer liberalen Parlamentsmehrheit zusammen zu arbeiten. Wilhelms Kriegsminister, Albrecht von Roon, verwies ihn dann jedoch auf Bismarck, der bereit war, als Regierungschef an der Seite seines Königs den Verfassungsbruch zu wagen. Gemeinsam setzten sie gegen den Willen der Liberalen und der Abgeordnetenhausmehrheit die Heeresreform 1862 durch.

Der Erfolg in den drei Einigungskriegen schien Wilhelm und Bismarck in den Augen vieler anfänglicher Heeresreformgegner nachträglich recht zu geben.

Als Legalist, der er war, wollte Wilhelm nach dem gewonnen Zweiten Einigungskrieg von 1866 allen Verlierern etwas wegnehmen. Das hätte zur Folge gehabt, dass halb Deutschland Preußen bei der nächstbesten Gelegenheit revanchelüstern gegenübergestanden hätte. Es war Bismarck, der in dieser Frage keine halben Sachen wollte und es gegen Wilhelm durchsetzte, dass die Kriegsgegner entweder geschont oder eliminiert wurden, so dass im darauffolgenden Dritten Einigungskrieg Frankreich Preußen alleine gegenüberstand und unter Preußens Kriegsgegnern von 1866 keine Verbündete fand.

Angesichts dessen, dass Wilhelm gegenüber Napoleon III. in der spanischen Thronfolgefrage eine ähnliche

Appeasement-Politik versuchte wie weiland sein Vater Friedrich Wilhelm III. gegenüber Napoleon I., wäre es ohne Bismarck möglicherweise gar nicht zum Dritten Einigungskrieg gekommen und damit zu jener Schwächung Frankreichs, die es Preußen erst ermöglichte, Deutschland 1871 zu einigen.

Und selbst nachdem Moltke für ihn auch den letzten der drei Einigungskrieg gewonnen hatte, hätte Wilhelm die deutsche Kaiserkrone fast noch in letzter Minute verspielt, wollte er doch lieber gar kein Kaiser sein, wenn schon nicht „Kaiser von Deutschland".

Es lässt sich konstatieren, dass Wilhelm zwar etwas altmodisch, um nicht zu sagen anachronistisch, dachte, aber nichtsdestoweniger diverse menschlich sympathische Züge trug. Andererseits ist es wohl ebenso wahr, dass Preußen unter diesem Hohenzoller ohne Generalstabschef Moltke, Kriegsminister Roon sowie schließlich Ministerpräsident und Reichskanzler Bismarck an dessen Seite wohl kaum von der kleinsten zur größten der europäischen Großmächte und zum Kernstaat eines deutschen Reiches geworden wäre. Manuel Ruoff

Nachwort

Ich hoffe Ihnen hat mein Buch gefallen.
Seit ich die Webseite des „Orden der Patrioten“ entdeckt habe und für das Nachrichtenmagazin „Corona-Nachrichten für Monarchisten“ schreibe, bin ich ein sehr begeisterter Monarchist.
Ich hoffe ich konnte mit diesem Buch Kaiser Wilhelm I Ehre machen.
Da ich rechtlich dazu verpflichtet bin, finden Sie fast ganz am Ende des Buches die Bildquellen. Diese Quellenangaben sind auch der Grund, wieso unten neben jedem Bild eine Zahl steht.
Da solche Quellen für den Leser jedoch eher langweilig sind, empfehle ich Ihnen die nach dem Nachwort und vor den Bildquellen stehenden Buchtipps zum Thema Monarchie und Geschichte.
Des weiteren empfehle ich Ihnen die Webseiten www.-deutsche-schutzgebiete.de und die Seite der „Kaisertreuen Jugend“, die mir bei den Recherchen zu diesem Buch sehr geholfen haben.
Wieder allen Erwartungen hat sich auch Wikipedia als sehr hilfreich herausgestellt, doch diese Seite ist mit Vorsicht zu genießen.
Ich empfehle Ihnen sich diesbezüglich einmal das Buch „Die Akte Wikipedia“ von Michael Brückner anzusehen.
Des Weiteren möchte ich Ihnen die Zeitung „Preussicher Anzeiger“ ans Herz legen, für diese Zeitung schreibe ich und ihr Herausgeber Hagen Ernst hat mir geholfen dieses Buch zu veröffentlichen. Wenn Sie interes-

siert sind selbst mal ein Buch zu schreiben, kontaktieren Sie doch mal Herrn Ernst über die PA-Webseite.

Mit freundlichen Grüßen

Christian Schwochert

P.S.:
Früher gab es sehr viele Kaiser-Wilhelm-Denkmäler, aber mit dem schwachsinnigen Argument das sei „nicht mehr zeitgemäß" wurden viele abgerissen ☹. Da es offenbar „zeitgemäß" ist das eigene Land zu hassen, das Volk zu unterdrücken/zu bekriegen und auf die eigene Geschichte zu spucken, spucke ich hiermit offiziell auf das was „zeitgemäß" ist! Wen interessiert schon was „zeitgemäß" ist? Mich nicht, zumal die Zeit oft wie im Flug vergeht und man ja theoretisch bei allem argumentieren könnte es sei nicht mehr zeitgemäß. Wer entscheidet überhaupt was „zeitgemäß" ist? Der Zeitgeist. Und der ist links und deutschenfeindlich, also pfeife ich darauf!
Dieses Buch ist ein Kaiser-Wilhelm-Denkmal dass die linken Ratten uns Deutschen nicht wegnehmen können!
Auch um den Hohenzollern und insbesondere Kaiser Wilhelm I die Ehre zu erweisen schrieb ich dieses Buch. Und dieser Familie zur Ehre füge ich nach den Bildquellen noch eine kleine Version des Hohenzollernstammbaumes ein.
Gott mit uns. Möge er alle anständigen Deutschen beschützen und alle antideutschen bekehren.

Romowe the system – http://laden.romowe.de

Bildquellen:

CUmschlagbild
http://enominepatris.com/deutschtum/bilder/Wilhelm1.jpg
Ronny Herbst

1:
http://de.wikipedia.org/wiki/Wilhelm_I._(Deutsches_Reich)#
mediaviewer/File:Kaiser_Wilhelm_I._.JPG Wilhelm Kuntze-
müller

2:
http://www.bing.com/images/search?
q=Karl+MAy+Der+Weg+nach+Waterloo&FORM=HDRSC2
#view=detail&id=574A54EE84501E2B563BF4E-
D840923F7DBBDB5C5&selectedIndex=0 Carl Lindeberg

3:
http://de.wikipedia.org/wiki/Schlacht_bei_Paris#mediaview-
er/File:Battle_of_Paris_1814.png
Bogdan Pawlowitsch Willewalde

4:
http://de.wikipedia.org/wiki/Schlacht_bei_Paris#mediaview-
er/File:Russparis.jpg Bogdan Pawlowitsch Willewalde

5:
http://de.wikipedia.org/wiki/Elisa_Radziwi
%C5%82%C5%82#mediaviewer/File:Elisa_Radziwill_3.jpg
Ludwig Sebbers

6:

http://de.wikipedia.org/wiki/Altes_Palais_(Berlin)#me-diaviewer/File:Berlin_Altes_Palais_2.jpg ONAR

7:
http://ammermann.de/19Jahrhundert/wilhelmI.htm ammer-mann

8:
http://de.wikipedia.org/w/index.php?title=Datei:K%C3%B6-niggr%C3%A4tz.jpg&filetimestamp=20090516162857& Kai-ser von Europa

9:
http://de.wikipedia.org/wiki/Datei:Schlacht-bei-k%C3%B6-niggr%C3%A4tz.jpg Emil Hünten

10:
http://upload.wikimedia.org/wikipedia/de/3/30/Schlacht_bei_Koeniggraetz..jpg Christian Sell

11:
http://de.wikipedia.org/wiki/Schlacht_von_Sedan#media-viewer/File:Schlacht_von_Sedan_Uebergabe_des_Kaisers.jpg Stefan Kühn

12:
http://tomorden.npage.de/lied-des-deutschen-kaiserreichs-.html Sternbald

13:
http://www.bing.com/images/search?q=K%c3%b6nig+Wil-helm+I.am+Grab+seiner+Eltern&FORM=HDRSC2#view=detail&id=826F964FC7F3FCD627C15CB5CC8163B058101-BEA&selectedIndex=1 picture-alliance

14:
http://www.deutsche-schutzgebiete.de/we
bpages/Deutsche_Kaiser_Farbfoto_.jpg

15:
http://de. wikipedia.org/wiki/Datei:Berlin_-_Siegess
%C3%A4ule_Gro%C3%9Fer_Tiergarten_2012.jpg Pedelecs

16:
http://de.wikipedia.org/wiki/Berliner_Siegess
%C3%A4ule#mediaviewer/File:Einweihung_Siegessaeule_B
erlin.jpg Jcornelius

17:
http://de.wikipedia.org/wiki/Datei:K
%C3%B6lner_Dom_mit_Hauptbahnhof_(SW).JPG Kleuske

18:
http://de.wikipedia.org/wiki/K%C3%B6lner_Dom#media-
viewer/File:K%C3%B6lner_Dom_um_1900.jpg Tohma

19:
http://de.wikipedia.org/wiki/Hermannsdenkmal#mediaviewer/
File:Arminius1.jpg Nawi112

20:
http://upload.wikimedia.org/wikipedia/commons/e/e8/Bis-
marckstein-Grotenburg_01.jpg Bismarckstein-Grotenburg
von Grugerio

21:
http://de.wikipedia.org/wiki/Kaiser-Wilhelm-Ged
%C3%A4chtniskirche#mediaviewer/File:Ged%C3%A4cht-
niskirche1.JPG Gerard M.

22:
http://de.wikipedia.org/wiki/Datei:Emperor_Wilhelm %27s_Memorial_Church_(Berlin,_Germany).jpg Jan Arkesteijn

23:
http://de.wikipedia.org/wiki/Datei:KWGK_Mosaik_03.jpg (Fotografiert von Armin Kübelbeck)

24:
http://de.wikipedia.org/wiki/Kaiser-Wilhelm-Ged %C3%A4chtniskirche#mediaviewer/File:KWGK_Mosaik_02 .jpg (Fotografiert von Armin Kübelbeck)

25:
http://www.bing.com/images/search?q=Stammbaum%20Hohenzollern%20ab%20erstem%20K %C3%B6nig&qs=n&form=QBIR&pq=stammbaum%20hohenzollern%20ab%20erstem%20k%C3%B6nig&sc=0-23&sp=-1&sk=#view=detail&id=6AD79302E93EA66D21676D9318879A6575306A83&selectedIndex=16 Wilhelm II. in der Tradition des Hauses Hohenzollern. Postkarte von 1901 zur Erinnerung an das 200-jährige Bestehen des Königreichs Preußen / Suedwester93

2

Zur Erinnerung a. d. 200jährige Bestehen
Königreichs Preussen

5

Inh. Hagen Ernst
Am Rotdorn 2d
21354 Bleckede
beachten Sie bitte das Impressum auf angegebener Internetadresse

Romowe – Verlag : **Christian Schwochert Kaiser Wilhelm I.**

Printed in Poland
by Amazon Fulfillment
Poland Sp. z o.o., Wrocław